致獨特的你

愛、生活與學習，完整自己的13堂課

利奧・巴士卡力——著

簡宛——譯

Living, Loving & Learning

CONTENTS

推薦文——愛，一份美好的禮物／王意中 006
推薦文——每一章節，都是生命智慧的灌頂／田定豐 008
推薦文——感受幸福分享愛／吳家德 010
推薦文——洗滌心靈之書／李貞慧 012
推薦文——跨越時代淘洗的經典／李偉文 014
推薦文——活出飽滿而美好的自己／洪培芸 016
推薦文——引領你，走回你自己／留佩萱 018
推薦文——關於愛、生活與學習／張瀞仁 019
推薦文——理解愛，完整自己與人生／彭樹君 021
推薦文——極具穿透力的經典之作／愛瑞克 023
推薦文——最簡單，但最有力量／劉冠吟 026
譯者序——一本充滿愛與理性的書／簡宛 028
作者序——以愛連結全世界／利奧．巴士卡力 035
引　言——我所認識的利奧．巴士卡力／貝蒂露．克洛特菲 036

1 回歸坦誠自然的自己 043
2 對自己的未來負責 069
3 愛的光芒源自獨特的你 085
4 用自己的心，找到失去的「心」 105
5 三座通往幸福的明日之橋 115
6 讓自己幸福、也讓別人幸福的藝術 125
7 給孩子最珍貴的傳家寶 139
8 享受親密關係的快樂與痛苦 153
9 選擇你的人生 165
10 引領孩子自由創造人生 177
11 愛，是人生最美好的抉擇 191
12 把「我」變成「我們」 205
13 走出自限不自困 221

附　錄——給自己的禮物　236
給他人的禮物　240
初版推薦文——從愛出發，迎接充滿陽光的人生／洪蘭　244
初版推薦文——愛的全新體驗／黑幼龍　249
初版推薦文——簡單而真實的生活道理／簡靜惠　252

推薦文——

愛，一份美好的禮物

王意中（王意中心理治療所所長、臨床心理師）

每天喚起我們精神飽滿起床的是愛，也是這份愛，伴著我們安穩甜蜜入眠。

在日與夜之間，愛讓自己的所作所為，與這個世界有了連結。

有了愛的滋潤，灌溉，培養，讓人與人之間的關係，環環相扣，密不可分。

讓生活的齒輪，伴著美好的樂章，曼妙的轉動了起來。

愛，無所不在。需要細膩感受，它所燃起的溫度。

任由愛自然的展現，良善的傳遞在你我之間。

愛，如清澈的湖面，讓自己見識了最真實、貼近的自己。

接納了自己的所有，無論好壞，完美與否。

愛，需要好好學習。

無論在人群之中，大自然裡，放眼望去，觸目所見都是好的學習素材。
只要你願意，讓愛走進你的心門。
溫暖你的內心，敏銳你的感受，清明你的思緒，開啟你的行動。
愛，將是一份美好的禮物。
讓我們手把手，溫馨的傳遞，讓愛起了陣陣漣漪，觸動每個人的心窩裡。
讓愛充滿生活之中，譜出屬於自己的節奏。成為喜歡的自己，找到生命的意義。
閱讀《致獨特的你》，在人生的道路上，感受愛所帶來的無限希望與創造。

推薦文——

每一章節，都是生命智慧的灌頂

田定豐（安眠書店主理人、心靈作家）

現在的社會中，有越來越多對「愛無能」的人們；對自己，對伴侶，對孩子，乃至對群體，對社會，都充滿著無助也無力的迷茫。

在一個陰鬱的下午，我對著眼前的山，讀著利奧．巴士卡力（Leo Buscaglia）這本《致獨特的你》。

從回歸自性本自擁有的愛，來看自己人生沿途所遺失的每一段片刻的畫面，重新在記憶裡拾起遺失的某些畫面。讓本不完美的人生，有機會再拼湊完整。

這本書每一個章節都是生命智慧的灌頂，提醒著我們都在值得幸福也值得愛的道路上前進。

當我在爬梳每一段文字落進心裡，成為喜悅的當下。

偶一抬頭，蓊鬱的山頭竟畫出一道完整的彩虹橋。

再低頭看著正閱讀的文字：「開始築一座橋給自己，讓它延伸出來，不要停止、不要放棄，然後繼續為別人築橋。」

這樣美麗的呼應，猶如給了我在當下前進路上、最強而有力的正向鼓勵。

我也確信，無論你是處在人生的哪一個當下，這本書都會帶給你所意想不到的支持。

推薦文——

感受幸福分享愛

吳家德（NU PASTA總經理）

此刻，如果你看到我寫的這篇推薦文，你會是世界上最「幸福」的人。

什麼？吳家德你也太自大了吧！竟然敢大言不慚說你的文字可以帶給人們幸福。

當然不是我敢自大，而是我太興奮了，想要讓讀者一起和我感受幸福分享愛。為什麼我會有強烈的幸福感呢？是因為閱讀了這本《致獨特的你》產生的後座力。

《致獨特的你》這本書暢銷全世界，我在學生時代已經讀過，也完整讀完（能被我一字不漏讀完的書很少啊），對我爾後的人生歲月至關重要。因為書中的觀念與故事在我心中萌芽滋養，教會我成為一個有愛、也樂意分享愛的人。

「愛」一直都在，但需要透過「生活」去實踐，而「學習」就是昇華愛的心法。

我是一位感性的人，也是一位喜歡接觸人群的中年男子。我常說：「對人感興趣，生活很有趣。」我真心想要成為愛的使者，讓更多有緣人彼此互動認識，是我一生的職責。

很榮幸能夠為這本好書掛保證推薦。我的熱情、溫暖、善良的因子，這本書助我良多。

推薦文——

洗滌心靈之書

李貞慧（親職作家暨繪本閱讀推廣者）

很開心這本經典心靈好書再次出版！能在新書正式上市前，搶先閱讀，真是既幸運又幸福！隨著年歲的增長、生命的歷練，這本年輕時讀過的書，現在讀來有更深刻的體會與獲得。我讀得很慢很慢，細細感受字裡行間的智慧，閱讀的過程本身就是一段療癒身心之旅，很享受其中啊。

這本書是作者帶著滿滿的愛寫下的書，裡頭充滿著或撫慰或激勵人心的金句，加上此書乃由散文作家簡宛所譯，譯文優美雋永，讀來不僅流暢，沒有文字生硬拗口之感，還為讀者帶來一種美好的詩意與深意哪！

特別喜歡書中以下兩段文字：

「你若要給愛下定義，只有『人生』兩字可以取代。愛，充滿在人生中，你沒有愛，也就沒有了人生。請不要失去你的人生。」

「愛，因為你能愛，不是因為你必須去愛。花開，因為他們自然開放展露，而非取悅人群。你生活和愛，因為你要如此，這是生命的本質。」

多美好可愛的兩段話！在我看來，這兩段文字也表達了這本書的核心價值：生命即愛，愛即生命。永遠不要讓愛離開我們的生命，愛是生命的本質，亦是生命唯一的答案。

忙碌的你，如果能靜下心來閱讀的時間有限，請把有限的時間留給這本重要書吧！它會洗滌你的心靈，甚而改變你的人生。

推薦文——

跨越時代淘洗的經典

李偉文（作家）

一九八三年時我讀大學，《致獨特的你》（初版書名《愛・生活與學習》）第一次在台灣出版就是我的案頭書；二〇一〇年再度在台灣發行時，我推薦給我即將上大學的女兒；如今，二〇二三年第三度發行，相信也會出現在新一代年輕人的桌上。

這本出版已四十年的書，就這樣在一代又一代的年輕人之間流傳著，已經可以算是經典，不受一時流行的興衰而改變，這是一位擁有豐富經驗的前輩，引領著迷惘徬徨的年輕人探索生命的意義。

其實這種「過來人」的道德教訓很不討好，因為聽得懂的，你不必說，他早就懂了；聽不懂的，你再怎麼說，他也無法體會。而且真正有用的生命經驗，說起來無非也都是老生常談而已，因此，一本好看且能夠跨越時代淘洗的書，就顯得難能可貴了。

當年，我把書中這段話抄下當成座右銘：「愛，是我引領你走向自己的過程，我不要你成為誰，我要引你走向你自己，回到你自己。」這段話提醒我與伴侶相處的態度，更是後來生了小孩，在陪伴孩子成長過程中，謹記在心的教養心法。

如果你在一九八三年、二〇一〇年時沒有讀到這本書，那麼今天就不要再錯過這本能帶給我們許多感動與體會的經典。

推薦文——

活出飽滿而美好的自己

洪培芸（臨床心理師、作家）

唯有我們擁有自知之明，深刻認識到自身的重要性，不再懷疑自己存在的價值，那份愛自己的堅定、尊重自己的動力才能油然而生，並且源源不絕的在每一天、每一秒持續運作，活出飽滿而美好的自己。

不輕易被外界的耳語、尤其是長年蟄伏在你內心深處的自我批評所擊垮，進而把愛的能量持續地分享出去。

我很喜歡書中「動物學校」的故事，相信你讀了也會莞爾一笑；還有法國名廚茱莉亞（Julia Child）面對用心烘烤了半天的舒芙蕾卻塌陷的自在態度，那反應真的很帥氣。

很榮幸能推薦這本傳世經典，再次喚醒了我們「認識自己」的天賦及特性是多麼重要的事！進而，能前往最適合自己發揮的位置，不再事倍功半，失去信心。

對生命有信心，來自對自己有信心；對自己有信心，來自認識自己的天賦、接納自己無須完美及肯定自己的獨特性。

不僅如此，從而能認識他人，接納異己，肯定所有人都有其亮點，看見我們都有的善與美。

「愛」就是每一天在「生活」裡的實踐，是終其一生的「學習」。

推薦文——

引領你，走回你自己

留佩萱（美國諮商教育與督導博士）

翻開《致獨特的你》這本書，讓我開始思考什麼是愛。我很喜歡作者在書中引用的句子：「愛，是我引導你走向你自己的輕柔過程。」身為一位心理治療師和教育者，我理解到不管是做心理治療或是教育學生，其實都是在做同樣的事情——我們在引導一個人溫柔的走回他自己。而這本書談論著什麼是愛、生活，與學習，藉由反思這些觀點，我們可以慢慢釐清自己想要什麼樣的人生，能夠回到我們自己。

邀請你翻開這本書，好好思考愛、生活，與學習，讓這本書引導你走向你自己。在這個走回你自己的過程，每個人的狀態都不同，需求也不同，所以這本書中的每段文字並不一定都適合於你，邀請你在閱讀過程中好好感受書中文字，然後帶走那些你覺得適合你、有共鳴的文字就好；讓這些文字引領著你，走回你自己。

推薦文——

關於愛、生活與學習

張瀞仁（作家）

一個晴朗的冬天，明明台北出現難得的藍天豔陽，也沒發生什麼大事，我走在路上卻異常悲傷。說是頓悟嗎？我在那刻體會了人的出生就是為了告別。我想起了電影《露西》的最後，女主角想起媽媽所有的吻；我想到當新生命誕生，就是漫長告別的開始；耳機中的歌曲正好唱著「There will come a day when I won't be there, but I know that you'll be okay.」（有一天我會離你而去，但我知道你會好好的）。如果是為了告別，為什麼要開始？

答案是愛。

這聽起來不知道會不會太廉價，像是流行歌裡被唱到生無可戀的主題。但這本書像是橋梁，帶我們進入理解愛、理解生命的領域。雖然是幾十年前的作品，但內容完全沒有時間差，非常好理解，用溫暖的方式討論自身的成長、人際關係、親子教養。雖然不算厚重，但我看得很慢，因為太多需要咀嚼、思考的地方。

是愛，一切都是愛。

推薦文——

理解愛，完整自己與人生

彭樹君（作家）

第一次讀到這本書的時候，我正面臨著無常人生中某個巨大的轉折，那時它曾經平撫了我內心的波濤；而今多年過去，人生從夏天來到秋天，一切皆已塵埃落定，再次閱讀這本書，卻還是從內心湧現彷彿第一次閱讀的感動，而且更多了一層真實生命經驗體會而來的同理與共感。

愛是一生的學習，而且總是在生活中實踐；愛也永遠是宇宙真理，同時亦是人生的最終依歸。作者利奧・巴士卡力以誠懇樸實的文字傳達愛的真理，沒有說教，沒有高腔高調，因為愛並不艱澀高深，愛就在平凡的生活之中。因此我特別喜歡他說的這段話：

「你若要給愛下定義，只有『人生』兩字可以取代。愛，充滿在人生中，你沒有愛，也就沒有了人生。請不要失去你的人生。」

請不要失去你的人生。無論什麼時候，我們都需要這樣溫暖的提醒。

這是一本歷久彌新的經典之作，在不同的人生階段閱讀，都有相同的感動與不同層次的體會，也都能從中得到對愛的理解與共鳴。所以，如果有任何人想要閱讀一本關於愛的書，那麼我會推薦這一本《致獨特的你》。

推薦文——

極具穿透力的經典之作

愛瑞克（《內在原力》作者、TMBA共同創辦人）

這是一本暢銷四十年的經典好書，作者的大名常被其他心理勵志類作家所引用，然而汗顏的我，直到今日為了作序，才有幸好好拜讀他的大作。雖然我遲到了，但沒缺席，因此沒有錯過一堂寶貴的人生智慧課！

此書對我來說，有諸多驚豔之處。首先，這不是一本高談闊論的書，而是生活實踐之書。

作者像一個慈祥的前輩，對著後輩輕聲細語的訴說著他的價值觀、他深信並且大力提倡的為人處世之道。他將自己過往的經歷，以相當樸實而真誠的言語娓娓道來，沒有戲劇化的鋪陳，但總能讓人留下深刻印象，彷彿身歷其境一樣——這就是最令我驚豔的地方——很少有書可以輕描淡寫，卻深深寫入讀者內心。

除非一個人在自己生命中一向都是用心傾聽、關懷別人、把他人放在自己之前，唯有如此，才能寫出觸動人心的文字，而巴士卡力就是這樣的人。書中提到他年輕時曾和老師在竹林中散步，滔滔不絕說著自以為是的道理，並帶著得意說：「瞧，我知道的也不少，這都是我知道的。」沒想到文質彬彬、一向反對動粗的老師一個巴掌打了他，說：「不要用你的髒腳走在我的頭上。」這段經歷深深地影響了巴士卡力，所以他在書中說：「我所期望於你我之間的，是一段溫和而共享的時光，你擷取你想要的，把不要的捨棄。我不願強迫推銷，只希望在我們分手之前，能有共同分享的機會。」這樣的價值觀，貫穿了全書，也不斷在他生活、教學、與任何人互動過程中實踐著。他言行如一，所以話語極具穿透力。

此外，這是一本跨領域的智慧結晶之書。作者總是可以恰到好處的引用來自文學、哲學、社會學等不同領域巨擘們的言論，寓意深長的在我們心中埋下種子，隨著時間開始發芽、長大，而悄悄的成為了我們價值觀的一部分——這就是經典的力量，一部經典之所以能被奉為經典，就是因為即便相隔數十年、甚至數百、上千年，今天我們回顧這些話語，依然如此清新、富有洞見，也唯有這樣的智慧能夠經得起時間考驗，穿越時空不斷影響著我們和後人。我想，您手上這一本書已經被許多人視為智慧結晶、經典之作，也是時常翻閱的床頭書。

願你和我一樣，能因此書而成為更懂得如何在生活中實踐愛的人。願愛與你我同在！願這個世界充滿愛！

推薦文——

最簡單，但最有力量

劉冠吟（華山文創園區品牌長）

《致獨特的你》是一本全新復刻的經典作品。其實在這個新版本之前，我從未讀過此書，一打開卻欲罷不能。

「愛」是人生中最基本卻又艱難的問題，人初來乍到世界上，以為愛應該是天性是本能，隨著歲月流逝世事磨練，我們變得越來越堅強，卻越來越難去愛。

作者巴士卡力是一個對世界萬物充滿熱情的老師，開了一堂名為「愛」的課程，在課上帶著同學們反覆叩問：「什麼是愛？我們可以怎麼做？」他遇過各式各樣的學生，就如同這世上一種米養百種人，巴士卡力說：「愛，是我引你走向你自己的過程，我不要你成為誰，我要引你走向你自己，回到你自己。」

愛沒有固定的形狀，也沒有固定的規則，巴士卡力不說你「應該」怎樣，而是說

「或許可以」怎樣，或許可以重新用不同的眼光回望自己的童年，或許可以用不同的方式跟別人講話，或許可以嘗試新的態度面對創傷……嘗試就有希望，引導自己走向自己，原廠設定的自己。

為人父母後，看到書中這段話特別有感觸：「你將給予你的兒女這些財富，你當然不希望能給予的只是一個貧乏、單調的你。」他所說的財富就是愛的能力，接受愛、送出愛並且知道運用愛照顧自己。一年之初，讀這本書特別舒心，將引領你我邁向嶄新的一年。

譯者序——

一本充滿愛與理性的書

簡宛

再次拿起《致獨特的你》重新閱讀，時光流逝，轉眼竟已走到了二十一世紀。回顧這些年，當年還在求學的孩子都已展翅高飛，各有自己的天空。很高興的是，這本書出版後一直受到廣大讀者的喜愛，並曾獲選為《中國時報》讀者票選「四十年來影響我們最深的書」。事隔多年，至今仍有人向我提起這本書對他們深具意義，還有讀者分享曾以此書代替女兒結婚的喜餅分贈親友，這些回饋，帶給我極大的欣喜與快樂。

愛的分享綿綿延長

記得多年前初讀這本書時，巴士卡力的見解與思維深入淺出，坦誠純真之情躍然紙上，使我愛不釋手。不僅因為原文書名「愛、生活與學習」（*Living, Loving &*

Learning），是我一向所追求的生活方式，更感到作者是一位十分溫暖而有愛心的教育學家。他的許多觀點都與我不謀而合，可能因為他曾在東方住過，也可能因為他本身兼賦雙重文化背景（他是義大利後裔），在思考、論事的觀點上，比較不限於單一文化及狹窄的價值觀念，而能放諸四海皆準。

《致獨特的你》原文出版於一九八二年，出版後不到半年，在美國即進入暢銷圈，不僅因為作者是南加大的教育系教授，他所開「愛」的課程擁有廣大的學生群，又時時上電視及到各處演講，早已是廣受歡迎的人物；最重要的是他的觀點、看法及行為，無不處處充滿了對人間的愛，對人類的關懷。

人，都是需要成長、需要關懷的，尤其在高度工業化的美國社會，人性中的愛、人間的溫暖，在快速變遷的生活中，都要時時提醒著、溫習著。像巴士卡力這樣，大把大把的把愛散布在人間，把愛傳授給學生，不僅在美國，我相信全世界都已奉為經典，成為傳家之寶。

於是，當時我將這本好書送給丈夫做為父親節的禮物。他讀後也深受感動，鼓勵我翻譯出來與國內讀者分享，沒想到，一出版即受到台灣廣大讀者的喜愛，這份愛的分享，似乎有了傳遞，更綿綿延長，對於遠隔重洋在海外一直以筆築橋的我，是莫大的鼓勵。

深入淺出的哲理

收錄在本書中大都是作者平時上課以及公開演講的內容，由於作者是教育及行為輔導教授，他的觀點也著重在人性的開導及行為的教育上，但是他並未用教育的專有名詞來嚇唬讀者，他的文字極為平易近人，又深富哲理，書中許多的嘉言，顯見作者的思想受佛家及老子的影響，因此，有些觀點對中文讀者而言，相信並不陌生。摘錄如下：

- 知識不是智慧，只有學習也不能達到智慧的境界。智慧必須是知識與事實的相輔相成。
- 你也是人，你會重新認識你自己，是的，你做錯過事，你自怨自艾過，但是重要的是，你是你，獨一無二的你，你有不可限量的未來等著你。
- 愛，因為你能愛，不是因為你必須去愛。施捨、贈與也是因為你有心奉獻。花開，因為他們自然開放展露，而非取悅人群。你生活和愛，因為你要如此，這是生命的本質。
- 昨日已逝，而明日不可測，逝去的你無法追回，而未來，即使是多麼美好，卻不真實。如果你沉迷於昨日，幻想於未來，你就失去了活著的此刻；你和我存在的此刻，才是真正的事實。

• 人生不是一趟旅遊，沒有目的地，人生是一個過程，一步一步讓我們接近；若每一步都是神妙而新奇的，我們就真正的經歷了一生。

人性中最大的成就感

特別值得一提的是他對「人」的肯定。人必須有信心、有信念才能往前走，自暴自棄無異宣判了心靈的枯竭和死亡，亦即古人所云：「哀莫大於心死。」

當初我介紹這本書的目的，並沒想到因為它是一本經世濟人的經典，只是因為作者鼓勵了每一個人不斷的學習，並以寬廣的愛心和樂觀的態度，鼓舞著人要不斷的學習，要接近自我內心。他也使我有感於傳統的教育，太著重在至高至善要求完美的境界。也許每人努力發展各自的長處，發揮自己的潛能，讓不同的才華、不同的智慧來推動世界的文明，才是我們所要學習的態度。

如今重讀本書，也再次體會其中的深義——鼓勵個人行為，肯定內在的自愛自尊。

我們不愛自己，如何能愛社會與大眾人群？一個人不學習、不成長，不關懷別人，如何能擁有快樂的生活？教育學家馬斯洛（Abraham Maslow）曾把人類的學習分為四個階段——求溫飽，求安全，求相愛關懷，以及求自我內心的成就感。在今日的社會中，除了溫飽與安全，人類必須彼此關懷及追求內在的成長。舒適的生活不難，但是要生活得快樂，卻必須由內在的充實和人類的相互關懷中獲得，而這種獲得，也就是人性中最大的成就感。

一本可以傳家的經典

透過這本書，我們分享了他鼓勵不斷學習與成長的善意，也透過文字把他「愛的教室」從室內推向全世界。他一再鼓勵大家「傾聽自己內在的聲音」，無形中也在我心中成了音響共鳴，經過近三十年的體驗與實踐，「愛、生活與學習」已成為我生活中的陽光與空氣，時時啟發著我，我是最大的受益者。

巴士卡力一生致力於愛的推廣二十五年（他於一九九八年病逝），一再強調「愛」雖是與生俱來的天性，但愛若是不去開發，永遠深藏不露，也將永遠得不到愛的能量。所以愛是要演練並且是可以學習的。他與世俗觀點不同的是，愛也不是無條件的，不能視為當然的擁有，我們必須每天不斷自問：「我今天是否做了使這世界更加美好的事？使人歡笑？幫助別人？」

我希望人們會記得這位慈悲與愛的踐行者，他關心別人，也不斷鼓勵大家去發現神奇而有活力的自己。

我們若將《致獨特的你》一書列為人生的經典或傳家之寶，與好友或家人分享，這世界將有更多充滿愛心與積極快樂的生命。

謹以此書獻給所有對愛與生命有信心的朋友。

感謝洪蘭教授與黑幼龍先生的推介，還有我妹妹靜惠在我寫作路上始終不斷的鼓舞，這一切愛的鼓勵與分享，都是愛的泉源。也謝謝喜愛讀我作品的文友，沒有您們的支持，在千山之外的我不可能握筆至今。

當然更感謝促成此書中譯的推手——

與我一起生活、學習與相愛的人生知己石家興，我當初送給他的是英文書，如今，我也把這本中譯本回送給他，做為我們家的傳家之寶。

作者序——

以愛連結全世界

利奧・巴士卡力

卡任左克（Nikos Kazantzakis，一八八五～一九五七年，希臘著名作家及哲學家，有人稱他為當代最偉大的藝術家，作品譯成英文者有《希臘左巴》〔*Zarba of the Greek*〕等）曾說：理想的教師能使自己成為橋梁，去讓學生跨越，去幫他們通行，使他們跌倒了還能含笑爬起來，並且鼓勵學生能創造他們自己的橋。

在本書中，包括了大大小小不同的橋，它們有些是簡單的理念，個人所思所感，都是我樂於同大家分享的，不論你是全然了解，或忽視反對，我都坦然接受。

很高興有機會分享這些看法，我並不灰心，全世界仍然有成千上萬的人有充分的愛心去聽、去想，這就足夠給予我無盡再成長、再分享的支力。我永不後悔，是好是壞，我已伏下來決定去建造更多的橋梁。

引言——

我所認識的利奧・巴士卡力

貝蒂露・克洛特菲（Betty Lou Kratoville）

得感謝韋伯斯特先生（Mr. Webster），他說介紹好比是一本書或一個演講的開路者，我很高興有這個榮耀為巴士卡力先生的出書和講演做這個工作。

不久以前，我曾經寫過：「他是一個多采多姿的人——包括教師、學生、作家、讀者、演說者及聽講人，但是在這些多面之中，他選擇了教師做為他的專業。」他全心全意的教育青年，用他的熱情和赤誠。「你如果用心聽，」他說：「我會讓你看到人生是多麼美好而榮耀。」

不論在廣大的禮堂或是他起居室的壁爐邊，或者是綿延伸長的海灘上，都是利奧的教室。他引導他的學生，不論老幼，走向人生。在南加州大學，不只一次被年輕的學生選為年度最傑出的教師。

有一次，我和一個朋友去接飛機，在等行李的當兒，一個老者悄悄的問我：「他是誰？」當我大略介紹利奧之後，老者感嘆的說：「我就知道他很特別，在飛機上時，我們比鄰而坐，他不停的批改作業，並且在每篇作業後寫上『美極了』、『棒極了』、『真美妙』等等字眼，從來沒有人在我的作業上如此批寫過，我多麼希望也曾經有人這樣鼓舞過我！」多麼可愛的老人，他看到了一個極端敬業的教師，把熱誠注入教學的藝術之中，同時也得到同事及學生的愛戴及信賴。

同樣的讚賞也發生在他的寫作上，一個學生看了他那本有關輔導的書《傷殘的孩子及他們的雙親》（*The Disabled and their Parents: A Counseling Challenge*）之後，深受感動的說：「這是唯一讓我看了感動欲泣的教科書。」從一九七二年出版《愛》（*Love*）及最近的一本《人格》（*Personhood*，一九七八年），他的書除了學術知識外，更充滿了溫暖和雋智——當然，也對於那些在沉寂自困中的人，發出振奮的呼聲。

在我和利奧相識的這些年中，不僅一次，我時常被問到：「他真的是這樣一個人嗎？」這實在是難以回答的問題，我發現我的答案總是在變。「是的，」我有時回答；「是的，也不是。」更多的時候，我模稜兩可，他不是用回答「是」或「不是」就能了解的人。

是的，他不需要站在聽眾前才能顯出他的睿智、幽默和風趣。是的，他關心人類，擁抱萬物。是的，他尋求自我的樂趣，就如大家一樣。是的，他總是不耐那些把身、心、生活停留在休止符中的人們。是的，他相信我們遠比現在的我們會更好。他最愛用的字彙是——肯定的「是」（Yes），我有信件為證，他曾給我一封信，只寫著：

親愛的貝蒂露，是的，是的，是的！

愛你的利奧　上

（Dear Betty Lou, Yes, Yes, Yes! Love, Leo）

但他也不是永遠如此，否則，他就不過只是一個表演者而已。利奧傳遞的訊息以宇宙的真理與哲思為基礎，總是隨時在加深、增廣，與時俱進，不僅多面且深入，更時時給予我們新的挑戰及激勵。

他的張力來自何處？他心泉的源頭在何方？從人——新知舊友；從閱讀——不同的男女作者；從大自然中原始的純美；從他的老師——東方文化的精神，還有從他的學生及孩子們……我相信利奧是一張巨大的吸墨紙，吸盡了所有拂過他眼簾的事物，沒有一樁事能逃過他敏銳的心，在他包容之中也容納了無比的知識和沉思。

你必須承認他不是墨守成規的人，他喜歡創新和變化，當許多人安然陶醉於舒適的環境時，他恨不得把他們從安樂椅中搖下來，不要耽於安樂而沾沾自喜。記得有一次在亞特蘭大的會議中，我們有一個會後茶會，這似乎是常有的事，我有點得意，而且多少有些誇大做作的招呼著利奧，就像這些年來我對他所做的一樣，他靜靜的聽了一些談話之後，用一種嚴肅銳利的眼神對著我說：「你不能再做這些事了，你已經做得太好，去找些新鮮的、不同的事做做吧！」回家後，我重新安排了眼前的事物，剎時間，就出現了新的景象。我聽利奧的話嗎？當然，自從我們認識起，這已成了我的任務之一，我們鼓勵別人用心聽、小心聽、用全心全意去聽。

不，他不是永遠如此，或是像有些人所說的，他必須不斷從人群中得到肯定。不，沒有一個人能像巴士卡力一樣能快速消失在人群中。當他需要消失在人群中去找尋活力時，可能某個黃昏他會在家中沉思，或整個夏天在奧勒岡（Oregon）的河濱小木屋隱居，也可能在遙遠的孤島獨自沉思或與智者交談。他是個重視隱私的人，但並非逃避，他的隱居只為了有更充分的精力來面對人群。

最後，還是回到：「他真的總是這樣嗎？」不，他和我們一樣也抱怨現代生活中的官僚和瑣事，和我們一樣也對不合理的事生氣跳腳，不同的是，他明白自己的短處和缺點，他不掩飾也不自怨自艾，而是用一種泰然的胸襟包容了不盡完美的生活瑣事。

我希望我介紹的是這個人，而非這本書，雖然作者與書是相連相關的，但是，我還是讓讀者自己去欣賞這本深切豐富的巨著。我只是帶你上路——準備好踏上美妙的旅程，和利奧一起欣賞人生的盛宴吧！

（本文作者為童書作家）

本書中有些文字因來自演講，可能與你所讀到或所聽到的略有出入，那是因為重複部分已被刪除。所有作者演講過的資料，已全收錄在本書中。

希望您能從閱讀本書中得到快樂，如同我從聆聽錄音帶與原稿中獲得的愉悅一樣。因為巴士卡力博士的研究專著，充滿愛心與真誠，帶給大家無限希望。

原文書編輯　史蒂芬·秀特

1

回歸坦誠
自然的自己

—— … ——

我覺得愛人是一件自然而然的事，

不掩飾、不做作的愛就如小孩子不會捏造或隱瞞自己的感受一樣，

自然的表露你自己，自然的接受別人的坦然真言……

我最喜歡告訴人家有關我名字的趣事。我的名字拼法是「B-u-s-c-a-g-l-i-a」，但它有許多不同的讀法，最好笑的一次是，當我住在旅館時，請接線生接一通長途電話，一直接不通。不久，接線生打回來說：「先生，請你告訴巴史克先生電話接通了。」我問：「是巴士卡力先生吧！」她回答：「先生，我實在不知道，那也可能是什麼稀奇古怪的東西吧！」

我在這裡和大家談「愛」，我稱它為「愛，在教室裡」，你們實在夠勇敢，敢讓我把愛帶到教室來。通常人家都要求我把它改裝一下，或至少加一些別的東西，而不是赤裸裸的「愛」。但是，你知道嗎？「愛，加上逗點，是行為的潤滑劑。」這聽起來不是挺科學的嗎？這不應該會把人嚇跑的。同樣的，當我在大學裡開「愛」的課程，有些教授對我另眼相看，碰到我時，會戲謔的問：「喂，週末還開愛的實驗課吧？」我告訴他們，我不開那樣的課。

我要先告訴你我是怎麼開始這課程的。大約五年前，我辭去了一份在加州一個大的學區中負責特殊教育的主管工作。我發現我比較適合教書而不愛行政工作，因此來南加大面試。我們的系主任是個非常有威嚴的人，他坐在大辦公桌後的皮沙發中，要我在他對面坐下，問我：「巴士卡力，在未來五年中，你要做什麼？」我立即回答：「我希望教一門愛的課。」沉默半晌，就像你們現在這樣，一片寂靜，然後他清清喉頭，「還有呢？」

兩年後，我開了課，當時有二十個學生，現在有兩百人，另外還有六百人在候補名單中等候空缺。上次我開課時，二十分鐘內名額就滿了，這些都告訴我們，大家是多麼急切而熱誠的希望來上這門課。

我總是覺得不可思議，我們的教育機構每次要釐定教育目標時，總是標榜「自我認知」及「自我成就」，但是我從小學、大學，甚至研究院的課程中，沒有看到像「愛」這樣的課程。「我是誰？」「我來這裡做什麼？」「我的責任是什麼？」或者只是「愛」這種科目，恐怕全國或全世界，我們是獨一無二在教授「愛」的教室，我也是唯一不理常規而瘋狂到去開「愛」這門課的教授。

其實，我並不教「愛」，我只是帶領（lead）大家一起學習。我們在一起相聚的兩小時內，大家席地而坐或互相觀摩學習，交換彼此的知識及看法，由此，我們學到了愛。

心理學家、社會學家及人類學家都這麼告訴過我們，**「愛是學來的」，並非生來就具備的**。我想我們應該相信這種說法，正因如此，才有這麼多發生於人際間的煩惱、

如果我們懂得「愛」，從社會、從別人身上學到愛，便可以重複學習並把愛傳遞下去，這樣生活中就充滿了無限的希望。但是那隱藏未露的愛，卻必須由你去開始、去舒放。

失望。但是，誰來教我們去愛？我們所處的社會是這麼形形色色，各有不同的生活方式。

我們的父母該是第一位教師，卻未必是最好、最完善的老師。我們也許想像過父母是完美無缺的人，小孩子總是把父母想成如此，等到長大後發現、了解父母的缺點後，往往又變得非常失望和憤怒。或許決定孩子是否已成年的關鍵點，在於能面對並了解到父母也像我們一樣是平凡人，有煩惱，有錯誤的見解，也有喜、怒、哀、樂。重要的是，如果我們懂得「愛」，從社會、從別人身上學到愛，便可以重複學習，並把愛傳遞下去，這樣生活中就充滿了無限的希望。但是那隱藏未露的愛，卻必須由你去開始、去舒放。

我要說的話並不新鮮，你唯一會有的新發現是，竟有人有這份膽識站在這裡大聲的說「愛」，而或許因此可以把你內心的愛釋放出來，使你敢說：「我也有同感，有什麼不對嗎？」

五年前，當我開始談到「愛」時，真的非常寂寞。我記得很清楚，當我站起來談論時，有一位來自別的大學的同行與我談到行為的修正與影響時，對著我說：「巴士卡力，你簡直文不對題！」他是針對我對「愛」所發出的大聲疾呼而言。我卻覺得，做為一個人類，他的批評完全不合乎人情。

李奧納德・席柏曼（Leonard Silberman，心理學家）所著的《教室危機》（*Crisis in the Classroom*）一書，給我巨大震撼。這是一本人人必讀的好書，不僅是父母，也是關心孩子教育的人士不可或缺的書籍。他指出當前美國教育對於英文、拼字及算數也許尚差強人意，但是對於個人的性向發展及人格發展卻未曾用心盡力。

我第一年在南加大教課時，也發生了一些事。教書是件愉快的事，尤其當你感受到與聽眾間的共鳴。我總是偏好小班制，人數少，便可以彼此對談，而不是我一個人向大家說話。有時，聽眾裡總會有那麼幾張臉特別專注、特別有反應，彷彿他接觸到你的話題核心，你講入了他們心底的感受，這種共鳴也是一種支持的力量。

在我班上就有一個女孩，她總是坐在第六排左方，有時點頭，有時寫筆記，有時沉思，但是，突然有一天她不來了，從此消失，令我心生納悶。直到有一天，我走向女教務長，她說：「你難道沒聽說……」這個年輕的少女，多才多藝，敏銳聰慧，已經把她自己丟入太平洋洶湧的波浪中。這件事使我困惑許久，我忍不住想，我們總是把一些事實、數字、常識填入人的腦中，忘了他們也是人，也有自己的思想……，我真該多去了解、關懷。

教育學家卡爾・羅傑士（Carl Rogers）曾說過關於迷航的事：

我不信有人能教任何人任何事，
我對教學產生疑問。
我只知道當一個人願意學時，
他會學得很好……

是的，沒有老師能強迫學生去學，就如你不能強迫任何人吃東西一樣，教育者（educator）一詞來自拉丁文，原意是引導（lead）和輔助（guide）。這就是在引導、輔助之前，自己必須先具有熱誠和了解，然後才能向大家說：「看！多麼豐富美妙，來，來同我一起享受吧！」記得電影《歡樂梅姑》（Auntie Mame）的對白：「人生是一場豐富的盛宴，偏偏卻有這許多傻瓜讓自己活活餓死。」

有時候，不妨踏出去，看看外面有多遼闊。
今日的夢想，將會成為明日的事實。

我們總是像井底之蛙，假設那口井就是唯一的真相，但我可以向你保證，事實絕非如此。有時候，不妨踏出去，看看外面有多遼闊。今日的夢想，將會成為明日的事實。如今，我們卻忘了如何夢想。

巴克敏斯特・富勒（Buck Minister Fuller，建築師）曾經來過我們學校演講，這一位精神抖擻的老人，手上只有一支小小的麥克風，沒有黑板，沒有講稿，也沒有音響及幻燈片等設備，就這樣站在台上，面對我們這些對他著迷的三、四千位聽眾，侃侃而談了三小時又十五分鐘。他提到希望與未來，並且指出**明日之希望及曙光來自——真誠、青春和愛（Truth, Youth, Love）**，他就用這三件事結束了演講。

席柏曼（Silberman）曾說：「今日的學校已不再富有創意和樂趣，變成了一個了無樂趣和生氣的地方。」但是，學校應該是全世界最好玩、最有趣的地方，因為學習是最大的樂趣所在，不是嗎？每當學會一件新事或新知，你就有了新發現、新生機，所以我要同你們談一些有愛的人和有愛的教育。

我不喜歡稱自己為愛的教師，因為小孩子一聽到「老師」就無法親近，而每當我一想到自己像個愛訓人的老師時，便寧可自己不曾說過那些話。我發現，自己站在台上，說了一大堆話，訓了一大串誡言，一心相信孩子們會學到，其實根本無濟於事，因為一位老師真正該做的是引導學生，而不是教訓學生。

我們的教育失敗於我們不曾讓教師明白本身的引導力，孩子會因其引導而發展成「人」。我想在此舉出一些愛的觀點和愛的人生，我對於有愛的人的興趣更勝於有愛的老師，畢竟「人」是大家能互相認同的角色，而教師卻只是一部分而已。

首先我要提到，**這個有愛的人，他必定會先愛自己**，也許有人會站起來說：「你這是什麼意思？」我不是指自我中心的愛，也不是指站在鏡前自傲的問：「鏡子，鏡子，誰是這世界上最公平的人？」不，這不是我指的愛自己，當我說愛自己時，我是指愛那個唯有你能奉獻出來的自己，所以你必須盡力去學習、去創造、去吸取更多，這樣才能成為一個有智慧、有學養、多才多藝的你，然後才能把這個「你」奉獻出來。

「我不知道的事我不能教你」，這是廢話，但我卻要說出來。我站在台前，站在大家的前面，最好我真的有東西跟你們分享，譬如我要去教傷殘的人，我先得知道傷殘

當我說愛自己時，我是指愛那個唯有你能奉獻出來的自己，所以你必須盡力去學習、去創造、去吸取更多，這樣才能成為一個有智慧、有學養、多才多藝的你，然後才能把這個「你」奉獻出來。

是什麼。我只說我知道的事，「知之為知之，不知為不知」才是真知。我告訴你們我知道的事，並不因為說出來就失去了對這些事的了解和認識，這就是「分享」。

巴克敏斯特・富勒曾說：「只要十五小時，我可以把自己所知的一切全告訴你！」多麼雋永、深刻的話，「十五小時，我告訴你我所有知道的事」，但對他卻一無損失。

愛，也是一樣，我可以愛大家，愛每一個坐在教室中的人。只要有時間、有機會，我們可以互相關懷，我也同時得到你們對我的愛。我損失了什麼？一樣也不少，我反而得到更多，但是，我卻得先把愛給出來。如果我的愛是帶著神經質的、自私的、病態的，你們得到的也是神經質的、自私的、病態的愛；反之，我的知識是淵博的，我的胸襟是開闊的，你們也會得到同樣的效果。所以我的職責是使自己博學多知，充滿愛心和了解，從我這裡，你們可以得到一切經驗和智識，所有的愛和了解，然後你們才能

教育的宗旨，不在於塞給你們一些事實，而是幫助你發現並發展自己獨特的潛能，並且教會你如何提供出來與人分享。

創造出屬於自己的一切。

沒有人選我的課超過一年以上，這是一年的課程，你接受我給予你的，你選取你要的，並加入你已有的，然後走出教室，創造你自己的美好世界。我看到個體、人性，不僅是從社會學家、心理學家或人類學家所看到的，我更看到了我們失去已久的那種「個體」，獨一無二的個體。**我看到每一個不同的「你」存在於你體內的不同因子，那使你看見不同的事，構思不同的想法，做出不同的反應。**我深信每一個人都具備這種獨特的潛能，也希望你們在朝這方向走的路上，有一天能碰到可以幫助你發現自己特質、教你發展潛能、也引導你如何奉獻出來的人。教育的宗旨，不在於塞給你們一些事實，而是幫助你發現並發展自己獨特的潛能，並且教會你如何提供出來與人分享。

想想看，這世界該有多美！如果在教室中的每個人，都有機會去鼓勵大家做一個獨一無二的人。但是，我並不僅要你們如何變成你自己，我更關心我是否把我給了你，使你也能如此奉獻你自己，這樣，我才能算是一位成功的教師。

我總是喜歡對人述說一個動物學校的故事，這是許多教育家一再傳述不已的趣談，但多年來卻也沒人真正認真去改良過。故事是這樣的，兔子、鳥、魚、松鼠及鴨子等決定創辦學校，大家坐下來設計課程。兔子說，跑步很重要，一定要列入課程；魚說游泳很重要；鳥說飛翔很重要；松鼠說爬樹很重要，所以全列入了課程。兔子是跑步高手，但是為了學飛（因為有人堅持要具備多項才能）而跌斷了腿，這使得跑步成績本來得A的牠，卻因此跑不快而得了「C」，在飛翔科目得了「D」；小鳥也一樣，本來飛得很好，但有人堅持牠也要學會挖地洞，所以牠折傷了翅膀，啄斷了尖嘴，在飛行上因此由「A」變成「C」；鰻魚成了心理挫傷的學生，雖然牠樣樣技能全數通過；貓頭鷹輟學在家，然後在所有關於教育捐的稅上，投下反對票。

我們知道這是不對的，但沒有人出來指正。你可能是天才或舉世聞名的文豪，但進不了大學，除非通過這些障礙競賽。你甚至不能從中小學畢業，看看那些中途輟學的名單：威廉．福克納、約翰．甘迺迪及愛迪生，他們不能面對學校，「我不要學爬樹，我是鳥，我可以飛上樹頭。」「不要緊，試試看，這是對你有益的智能訓練。」總是有人勸著。

我記得在小學中常看到的是，美術老師畫了一棵樹，「今天我們要畫樹。」大家跟著畫。但是小約翰畫不好，他爬過樹，從樹上掉下來過，他咀嚼過樹葉，他的樹，不是老師畫出來的那棵樹，所以他畫了一棵自己的樹，有橘色、紫色、綠色、藍色的樹，他交給老師。「哦！老天！」老師大叫：「你的腦筋有問題，要上特殊班（智能障礙班），顏色不對啊！」

許久以來，我們其實都在模仿，從小學、大學直到研究所，我教過一班研究所的專題討論課，發現許多抄襲、模仿的作業，一字不漏重複你的話。你告訴他們：「要有創意。」他們不敢。「他真的要我們創新？」學生私下懷疑著。那些獨特的見解，在不斷模仿中消失。羅柏．朗（R. D. Liang）說過：「我們心滿意足的把孩子塑造成耳聾和挫敗的人，因為大家不要與眾不同。」

一個愛人者，不能只滿足於自己的獨特，同時也要努力去發展自己的潛能，只有不斷的爭取向上，才能把最好的自己奉獻出來。我不知你們有多少人曾經讀過羅柏．朗所寫的《經驗法則》（Politics of Experience）？這是我能給予你們的最好禮物之一，在這本薄薄的平裝書中，他談到人類的潛能和發展，下面這段話只是他書中精闢論說的一小部分：

我們關心的，遠比我們知道的少。
我們知道的，遠比我們所愛的少。
我們所愛的，遠比我們能愛的少。
正確而言，我們所表現的，遠比真正的我們少。

許多令人振奮的事在各處存在著，像教育家卡爾・羅傑士、費哲羅（Fitzgeraid）與赫伯特・奧圖（Herbert Otto，美國作家），都沒有薪資收入，只靠著書籍版稅生活，但他們還是設立人類發展中心，幫助人類發展各自的潛能以免被埋沒。這也正是富勒一再呼籲的「讓我們回到自己」。**我們有潛能去看、去感受、去接觸、去呼吸，但是我們忘了這些我們不敢夢想的本能，我們有許多事該去做、要去做，只要我們有足夠的愛心去愛自己、愛人群**。

七年前，我做了一件人人認為不可思議的事，他們以為我一定是發瘋了才這樣做。我賣掉了音響設備、車子等所謂值錢的東西，然後出發到亞洲旅行，我對它太陌生，全地球有三分之二不屬於西方世界。他們的想法、看法，和我們生於斯、長於斯的西方文明迥然不同，他們的人、地、習俗，連耶穌也不曾了解，我們兩種文化隔得這麼遠、這麼不同，因此，從旅行中我學到了許多。

在高棉（現屬柬埔寨）時，我學到非常獨特的事。那時我正在吳哥窟參觀佛教古蹟，佛頭被巨樹吞沒，猴子在空中遊盪搖擺，每件事都新奇而美麗。我遇到一位法國女士，她在法國撤退後留在高棉長住。她對我說：「利奧，如果你想了解高棉，不要坐在這兒看古廟。你應該去接近人群，去了解他們，看他們在做什麼；你來的正是時候，到大湖區（Tonle Sap）去，因為他們正要過雨季（Monsoons），這時猛雨會沖毀所有房舍，人全擠在公有的救生艇上，房滅舟行，好幾家人同舟共濟，這多有意思。每年有六個月，好幾家人要共同生活，一起營生。」我們習慣了獨立，不依賴別人，所以我們有人一生寂寞而死。若是我們能被需要，能說「我需要你」，人與人之間的關係會多溫柔！

而高棉人很早就領悟到這種相互依恃、守望相助的道理，環境教會了他們，大自然是一位至聖先哲。我們只能夠讀梭羅在《湖濱散記》裡的名言：「去接近死亡，才領悟到，虛度一生，便好比你不曾活過。」你不妨好好想一想。

我們習慣了獨立，不依賴別人，所以我們有人一生寂寞而死。若是我們能被需要，能說「我需要你」，人與人之間的關係會多溫柔！

所以我就去了，騎了車來到大湖區。居民正忙著搬移，雨季來了，我想去幫忙也表示自己的心意，法國婦人笑著對我說：「你幫什麼呢？」大自然已教會他們如何搬動，從頭到腳，搬他們自己，不是財物。每年的季風雨，定時來臨，他們能帶走什麼身外之物呢？除了自己！我忍不住問自己：「如果雨季在下週侵襲洛杉磯，巴士卡力，你怎麼辦？你是帶走電視呢？還是車子？古董？」你能帶走的只有你，從頭到腳的自己而已！

就在不久前，我們也發生過相當大的地震，我的屋頂、後壁爐皆震壞，缺水無電，我走出屋外，看到許多殘牆廢壁在眼前倒塌，感受到我們擁有的，只有自己，不是身外的俗物。在曉霧初升中，後院的花仍然欣欣向榮，剎那間，我感到不管有沒有我，這個美好的世界仍然運轉不息。對於我，這個獲得值得用大地震去換取。我要好好利用自己。

當我們認識到本身的重要，自愛和自尊就會油然而生，
所有事物由你而起，因為你才能把這些給予別人。

哲學家、心理學家皆一再告訴我們：「你就是你自己擁有的財富，讓你自己成為世界上最美麗、溫柔、神妙的人，你會因此永遠存在。」記不記得希臘悲劇中的米底亞（Medea）？當一切全毀之後，祭師來到她跟前，問道：「米底亞，你還有什麼？一切全毀了，所有東西都不見了！」她反問道：「還有什麼留下的？我啊！所有的東西全不在了，但是我在啊！」當我們認識到本身的重要，自愛和自尊就會油然而生，所有事物由你而起，因為你才能把這些給予別人。

你處在一個非常重要的地位，因此如果你不曾喜歡過自己，從現在起你可以學著去喜歡，你可以創造一個新的你。如果你厭倦你的方式，你可以改變重來；如果你不喜歡你個性上的某些缺點，去掉它，再開始一個新的你。但是，你得自己去做，這些都是你自己的。這是第一點，我全心全意給予你的回報。

法國的聖修伯里（Saint Exupery，法國哲學家、《小王子》作者）說：「也許愛就是我引導你回到你自己的一個輕柔的過程。」那是我聽過最健全的字眼。**愛，也是我引你走向你自己的過程，我不要你成為誰，我要引你走向你自己，回到你自己。**

去過舊金山那家可愛的書店「城市之光」（City Lights Book Store）嗎？我在那兒看到一本書，那是一位女詩人的詩集：

我的幸福是我的，不是你的，
因為你是短暫的，
又因為你會使我失去自己。

我又看到作者介紹：

米雪爾，你只和我們同在了短短的時日。
你選擇了迷霧的海灘去做你的歸宿，
那是一九六七年七月，你才二十歲。

如果你是一個愛人者，你就會運用字彙而不是讓字彙來支配你；不是去相信那一層層加上去的標籤、頭銜，而是自己去找出真義；不是聽來的，或傳說的……。

她給我們五首詩，她也發現要真正做到「只有我」並非易事。

* * *

我想第二件有關自愛的原則是，排除一切束縛的標籤。人，的確是奇怪的生物，他，很有創意的發明了時間，然後卻被時間支使，必須看錶才知道何時喝咖啡、吃午餐。從小至大，早已積習難返，鐘響鐘停，上課下課，連教育也由時間支配。九點，故事時間；十點，閱讀時間……我們發明時間，再去做時間的奴隸。

我們也創造字彙，但字彙是用來溝通而不是來陷害我們的。如果你是一個愛人者，你就會運用字彙而不是讓字彙來支配你；不是去相信那一層層加上去的標籤、頭銜，而是自己去找出真義；不是聽來的，或傳說的……。

我要告訴你我的故事。我的父母是義大利移民，我出生在洛杉磯，一歲左右，父母必須回去義大利，我們便在那裡住了五年。我回到美國時，正好黑手黨（Mafia）盛行，於是我被叫做「低狗」（Dago，輕蔑語，意指義大利、西班牙人）或「歐普」（Wop），孩子們還對我大吼：「滾回去。」

我哭著去問爸爸：「爸爸，什麼是歐普？什麼是低狗？」

父親安慰我說：「沒關係，不要為這些事生氣。每個人都有名字，他們叫你這些名字並沒什麼意思，別理它！」

但是我深受困擾，他們不認識我，不認識我的父母，只會叫我外號。我母親是歌劇演員，她常一邊彈琴、一邊唱歌劇，我們還全家一起表演，我八歲就會五齣歌劇，任何角色都會唱，但是他們不認識我，他們只知道我是「低狗」。

他們也不知道母親的特質，她是一個慈愛的人，但是每天早上卻要我們掛著一串蒜頭去上學，因為她說蒜頭可治百病。我真的一天也沒病過，還拿過全勤獎狀，但也因為胸前掛了一串蒜頭，誰都不敢接近我，包括病菌。現在人大了，有了派頭，不再掛蒜頭，反而每年要傷風感冒好幾次。

他們也不知道爸爸曾經是教會長老，每個星期日只要他在家，我們就圍著大桌子

我覺得愛人是一件自然而然的事，不掩飾、不做作的愛就如小孩子不會捏造或隱瞞自己的感受一樣，一切自自然然的。自然的表露你自己，自然的接受別人的坦然真言……

而坐，我們要一一向他報告所學、所做。我們翻書，查百科全書，思考人口等等問題，然後向爸爸報告，否則不管你睡了沒有，父親都會把我們從床上挖起來問：「你今天學到什麼？」

但是他們不認識我，只叫我「低狗」。要知道我，必須進入我心胸來了解我，但是多少人只管叫外號、貼標籤，「她胖」、「她瘦」，「她是猶太人」、「她是天主教徒」……。自愛的人不再拘束於這些封條外號，他們再也不用這些來區別人類。

我同時也認為，一個愛人者必定也憎恨那些虛假、偽善的偽君子，「君子愛人以德」，只有軟弱的人，才無法抗拒暴行。我們需要有堅定意志的君子，他可以為教育、為真理高聲疾呼：「我們再也不能忍受偽善！」

我覺得愛人是一件自然而然的事，不掩飾、不做作的愛就如小孩子不會捏造或隱瞞自己的感受一樣，一切自自然然的。自然的表露你自己，自然的接受別人的坦然真言，我一生中最高興、最期望見到的，就是你回到了坦誠自然的自己。

如果你注意過電梯裡或公共場合中的人們，那種木然無視的表情，你就會感到我們變得多麼生疏冷酷。電梯中大家筆直站立，深恐觸碰到別人的軀體，為了怕與人對視，我們眼望前方或電梯燈示……我們被層層的規矩綁住。我常喜歡走入電梯，背朝門，面對內，向大家說：「想想看，多好玩！如果電梯壞了，我們被困，大家就可以認識彼此了。」但是，電梯門開了，人來人往，只聽到背後或有人心中暗笑：「那個瘋子在說什麼？他想認識我們？」

我們的赤子之心哪兒去了？你快樂，你高歌，讓我們分享你的愉快，為什麼要深藏心裡？「大丈夫有淚不輕彈」是誰說的？我的學生知道我用心、用情在看他們的報告，因為我常在感動時留下淚漬在紙上，也許我和唐吉訶德有幾分相似吧！

一個愛人者必須找回赤子之心，去接近人心、去緊握、去關懷、去了解別人。**擁抱是美好的事，如果有人想擁抱我，我在這兒張開雙臂歡迎**，如果因此能讓大家相息相關、相愛相親，我將永遠站在此為這個目的而堅持。你如果不相信，試試看吧！

一個愛人者必須找回赤子之心，去接近人心、去緊握、去關懷、去了解別人。

最後，我要說的是，**愛人者絕不會忽略自己的需求**。人都有需求，這個需求不只是吃飽、住好，我們當然也需要吃住，但是外在的物質生活滿足之後，更重要的是我們自己的需求——**我們需要被肯定，被接受，我們需要貢獻，需要享受美好的生活。然而，我們卻看不見彼此，我們忘了凝視對方、傾聽彼此，我們也忘了停下來想一想別人……**

哲學家說：「我思故我在。」但是我真的存在嗎？沒人接觸我，沒人聽見我，人人眼光掃過我，但是無視於我；孤獨的存在著，寂寞無息。有人說：「我們每個人好像生活在一起，但是人人卻寂寞孤獨。」

多年前，桑頓．懷爾德（Thornton Wilder，一八九七～一九七五，美國著名劇作家及小說家，一九二八年獲普立茲小說獎）寫了一齣名為《我們的城市》（Our Town）的劇作，其中有個場景描寫小女孩愛蜜莉的死亡，她到墳地後獲知：「愛蜜莉，你可以重回生命中的某一天。你希望回到哪一天？」

「我還記得十二歲生日時我有多快樂，我想要回到那時候。」

所有在墳場的人都叫她：「愛蜜莉，不要這麼做，你會後悔的。」

但是愛蜜莉仍然想這麼做，她想再見爸爸、媽媽一面，所以幕景拉回她十二歲生日那一天，她回到記憶中美好的時光——

她從樓上走下來，穿著美麗的新衣，頂著一頭蓬蓬的捲髮，但是她媽媽忙著做生日蛋糕，無暇欣賞她的美麗。她等了好久，忍不住說：「媽媽，快看看我，我是過生日的小女孩啊！」媽媽說：「好，好！過生日的小公主，快坐下來吃早餐吧！」後來爸爸來了，愛蜜莉說：「爸爸，看看我！」但是爸爸忙著賺錢，也無暇看她，而弟弟正忙著自己的事……落幕時，愛蜜莉站在舞台中央，說：「拜託，請你們看看我。我不要蛋糕，我不要金錢，只要你們看看我！」在沒有人看她的叫聲中，幕徐徐落下。

人生不是也有許多這種情景出現？忙碌中，孩子長大成人，他們成長中的憨態和可愛，在父母的忙碌中匆匆流失，因為父母都在忙著為他們做事和賺錢。我們西方的文化是一個目標的追求者，人人追求，追求那遙遠的目標。我告訴你，那不是目標，那是陷阱；你追求了半天，結果得到什麼？凱迪拉克豪華汽車？……我們忘了彼此的長相，彼此的關懷，難怪我們會寂寞而終。

有位教育工作者艾利斯．佩吉（Ellis Page）曾做過一項有趣的調查，他把學生分成A、B、C三組，在A組中，不論學生的報告多好或多差，他只打下甲、乙、丙等級差別的分數。在B組中，除了甲、乙、丙等級外，他又加上「好」、「很好」、「非常好」的評語。在C組中，他改變作風，除了「你的文法令人難以相信，你的拼音像某大文豪」外，又寫著「你的見解棒極了，好好把握」、「哇！我等不及看你的下篇報告，繼續努力」、「謝謝你不斷在我腦中注入新血」……。結果，A組未變，B組沒有改變太多，C組不斷在進步而改變。

如果你從事教育，卻對教育厭倦乏味，我勸你及早退出或改行，免得耽誤了孩子熱誠純真的心靈。孩子需要你的鼓勵，大人何嘗不是？「好極了！」「美極了！」「就是這樣！」

不要總是在孩子心上打「×」號：「不好！」「錯了！錯了！」……。**鼓勵和讚美，可以化解不必要的氣餒和酸楚。**

我們也需要自由，梭羅說過：「籠中之鳥不會唱歌。」我們又何嘗不是？在自由中才能學習。在自由中嘗試失敗，學習新知，我們需要有自由去選擇、去試驗、去找尋學習的樂趣，不要重複給我你的陳腔爛調，讓我找尋自己的途徑和新知，以及追尋的快樂。

我要用李奧．羅斯頓（Leo Rosten）的話來做為結尾，他說：

每個人的心裡都有一個被了解的渴望，但是我們自己卻無法完整了解別人，即使是面對愛我們的親人，我們依然是半個陌生人……。

只有弱者才會冷酷，而強者卻來自於溫柔兼愛。不曾懼怕過的人，也不會成為勇者，因為勇氣來自於對懼怕的包容和接納……。

你會了解別人，如果你真正面對他們，不論老少，用一副赤子之心對待他們，因為我們大多數人並不完全成熟。我們只長高、長壯，但是我們的心智卻不曾長「熟」。我們要不斷成長……

幸福來自於我們追求身心的成長和發展，以期達到全能的開發和運用……人生的目的，也就在追求這種創造和求新中，有了新的希望。

2

對自己的未來負責

我決定自己的命運，我也面對自己的短處、錯誤，

無人能代我受罪受苦，我對自己負責。

若是我失敗，我豈能怨天尤人？

明天是新的一天，我對自己的未來負責。

我要和大家談談有關我在心理輔導方面的構想。我們暫且稱這個題目為「成長中的你」吧！

有一本叫做《風沙星辰》（*Wind, Sand & Stars*）的書，不知你們看過沒有？若是未曾看過，我全心全意向你推薦，這是一本值得一看再看的好書，作者聖修伯里談到「愛」時，有非常精闢獨到的見解。他說：「也許愛就是我引導你走向你自己的一個輕柔的過程。」

我本來一直不敢對愛下定義，總覺得愛是無限而有深度的，當你隨著成長，逐漸加深對美的追求時，也即是愛。若是對愛下定義，難免會限制了它的發展，但是我卻深喜聖修伯里所說的定義，而且我也深信，這也就是教學與輔導的真義——不是使你變成別人期待或想像的過程，而是引導你找回你自己，發現你自己的本質，你純真、特殊的自我本質。

我常常在想，**我們到底是真正的自己？還是由別人塑造出來的？我們總在不知不覺中放棄了「自我」而去將就別人，也許這就是所謂的「適應」**。也許偶爾有人會反抗：「不，我就是我，我不會把自己變成你期待的那個我。」

我常常在思考，不論我們多麼叛逆，我們真的能掙脫一切，成為真正的自己嗎？

或者，我們以為的自己，只是源自別人告訴我們的模樣？從教師和心理學家身上，我們學會了人性。而誰是我們的教師呢？

首先，我們的教師就是我們的父母及家庭。除非我們停留在兒時，一味責怪父母與家庭，只因為他們是平凡人，就像其他人一樣，他們也有不足與脆弱之處，也有優點與短處，他們只是告訴我們他們所知道的一切。總有一天，你會長大，會超越他們；總有一天，你會走向自己的父母，告訴他們：「從你們的煩惱與不安中，我學到了一些知識，我也永遠愛你們。」

有一次，一位父親跑來教室找我，說想找我談談。我們一起走向停車場，他對我又是擁抱，又是讚美，幾乎可以說到了感激流涕的地步，他說：「我的兒子在二十一年之後，終於對我說，他愛我。我知道他是真正愛我的，但是，是你教會他如何說出來。」於是，我們再也不需要為了不曾受到良好教導而悔恨。**愛，永遠都可以學習**。

對於蛻變，我有十足的信念。做為一位教師，我們必須肯定蛻變的價值，否則最好放棄教學——因為教育本身就是一個不斷改變的過程。每當你教授一個人，也就是把一件事交付給另一個人，使他有了新面目。我總不明白，為什麼「學習」不是世界上最有趣的探奇？因為學習新知，也有如尋知問勝的探險，的確有趣。我們不也因為不斷的學習，才不斷會有新的自己出現？今天早上的我和今晚的我就有了差別，因為在這期間，我經歷也學習了不同的變化，從人來人往、從生活空間，我們感受到人與人之間的信息，我們也把自己和周遭的人群相聯。

學習的樂趣常常是接踵而來的，由一本書，你同時也發現了許多相關的書；由一首曲子，你進入了成千上百的樂章中，這也正是學習的迷人之處。

聖修伯里提到：引導你回到你的自我，是一件美好的事，但是，首先你必須確知在那種程度和範圍下，你想變成的自己是否安然合適？我敢保證，**如果你想找回的是你真正的自己、真正的本性，那會是最令你興奮的旅程**。

想想看，我可曾說了什麼新鮮話？我的話一點也不新奇，我只是在向你建議把那個封閉的你放出來，那個已在你身內的你自己；你不壞，你也不是惡人，事實上你挺可愛的，那麼把它釋放出來吧！給你自己一個機會成長、舒展，難道你還要等到別人來給你批准？你當然不必等候，你自己就可以站得直直的，頂天立地，不必遵循任何人的指示，你，有權利成就你自己，你就是你。

* * *

你當然不必等候，你自己就可以站得直直的，頂天立地，不必遵循任何人的指示，你，有權利成就你自己，你就是你。

我剛剛說過，愛是可以學習的，同樣，恐懼、偏見也是學來的，而關懷與責任感又何嘗不是學來的？所有的社會責任與公共道德，仁慈心與道義感，都是從家庭、社會及人際相處中互相學習而來的。當你牙牙學語時，你就建立了與周遭環境的關係，而語言，**也正是一個重要的關鍵，它可以成為你自囚的樊籠，也可以成為你表達自我的方式，你必須靈活運用。**

還有，最重要的是——我們是誰？沒有人教我們如何為人父母，而一旦成為父母，你必須把你所有的傳遞給下一代。所以，這也是我一再申訴的重大要務，你必須使你自己成為世界上最完善、最有愛心的人，你一定要盡力驅使自己朝這個方向努力，因為，你將給予你的兒女這些財富，你當然不希望能給予的只是一個貧乏、單調的你。

我相信你可以改變自己的命運，你可以朝自己的方向走；如果你不滿意自己的生活態度，也可以改進。「我喜歡朋友，我不愛寂寞」，因此你果斷的改變了態度，也改變了人生觀。

我曾經在一堂心理學的課堂中，把學生分成兩組，一組用那些消極而否定的字，如恨、失望、悲傷、不好等等，另一組用肯定而積極的字，如愛、美妙、喜歡……，結果發現，**促成人際的溝通及相互的感受，往往是用肯定的字眼表達出來的**。

沒有一個家庭是能免於煩惱、恐懼或其他私見的問題，尤其是當家庭中有了殘障的孩子，那麼所有的憂慮、煩惱、消極、悲哀……全籠罩下來。我們處在一個俊男、美女的好萊塢標準中，總存有「窈窕淑女，君子好逑」為中心的審美觀念。這種完美無缺的觀念常常令我擔憂，我們怎麼可能一點缺點都沒有？**在生理上或心理上，人總有其殘缺的短處，也唯有如此，人才會謙遜、上進**。為了我們要求完美，要有俊男、美女的下一代，事事白璧無瑕，只好不去創造，因為在創造過程中難免有失敗、挫傷或一些衝突產生。

我曾經花了六年時間輔導育有殘障兒童的父母。他們一家家換著醫院，以及一個個不同的輔導人員，但是沒人敢說真話，沒人敢面對現實。這使我極為擔憂，其實我們只要讓父母明白，你的孩子不是天才，不必夢想他會飛黃騰達，卻也不是無藥可救。大家坐下來，針對問題，盡力而為，在心理上會輕鬆些。

除了這些問題外，有傷殘兒女的父母，也必須能從中超越這些困難。有個母親說：「自從生了這個殘障孩子後，我連一步家門也沒出過，因為沒有人能照看他，也不敢照看他。」我的學生聽到我對此事的不平感受之後，組織了義務保母，輪流為有殘障兒女的父母看顧，好讓這些父母也有些許自己的生活，體會到人生中還有許多可看、可感的事情。

無可置疑的，人與人之間需要互助合作，不管你是王公侯爵或凡夫俗子，你都要過群體生活。也要記住最重要的一點：**人不是物品可以頤指氣使或盛氣凌人；人是溫柔而脆弱的，人也是珍貴而易受驚嚇的，你可以用一根指頭，戮傷一個洞讓他受苦叫痛，也可以用同一根指頭，輕覆那傷口，使它癒合，這完全取決於你是怎麼樣的一個人，用怎樣的態度**。

其次，除了人要互助外，**人也是可以改變的，如果你以為天下事都是固定不變的，因而故步自封，你就大錯特錯了**。我們所面對的世界就是一個日新月異的景象，瞧！你家門口那棵樹，葉落葉繁、新枝嫩芽，可曾保持原形？還有那落日、晚霞、彩雲，日日有新貌，不可同日而語，更何況日日接受不同挑戰與衝擊的人！

有一天，在海灘上，我的一個學生拿了一條乾涸、僵硬的死魚，小心翼翼的放回

在你改變的過程中，你同時也將面對許多阻礙與挑戰，你也不斷使自己去迎合新局並接受考驗，同時你也就進入了成長的過程，這是永無止境的成長和學習。

水裡，他說：「牠只是乾涸缺水，一等牠入了海水，重新接受水的沁涼潤澤，就會活過來了。」

然後，他想了半晌，對著我說：「利奧，這可能也正是整個人生的成長過程，有時，我們只是需要一點潤滑、一些滋補，然後就活過來重新開始。」我從沙灘上站起來，大聲歡呼，這不正是我內心的真意嗎？

＊＊＊

人生最大的投注，也就是把你自己投注在改變的過程中，這是一個大投資，我無暇想及其他更重要的事。生活是如此多面、多變，怎麼可能有靜止不動的瞬息？在你改變的過程中，你同時也將面對許多阻礙與挑戰，你也不斷使自己去迎合新局並接受考驗，同時你也就進入了成長的過程，這是永無止境的成長和學習。中國人不是說「學如逆水行舟，不進則退」嗎？日本人也有對「水」的禮拜，流水的聲音，是一種生命的呼喚，我們有多少人每天淋浴，卻聽不見清越的水聲。從現在起，希望你仔細聽那悅耳的水聲，那是成長的新機會。

赫伯特．奧圖說：**「改變你自己的同時，也正是成長的開始。」**你有勇氣接受改變，才有成長茁壯的機會。多美！把你的生活投入改變的過程，是一件令人興奮、愉悅，同時也是緊張的經歷，因為你把自己投入未知，投入追求的行程。你也許會懷疑、會停歇，但一旦開始，你再也回不到原來的自己，因為你已向外伸展、尋覓，你要追求自滿自足。

我要特別強調，**愛的反面不是恨而是「冷漠」**，如果有人恨我，他對我還是有感覺的，所以我們仍然可以彼此爭論、交談，但是，如果他連我也看不見，或漠然無視於我這個人的存在，這之間就完結了，更別談溝通或改變。就有如一幅景象、一張圖畫、一個劇本……，你不喜歡，可以改變，改寫或改換一批演員，但若是根本未曾去看、去想、去感覺，如何能「改變」呢？如果你寂寞、不開心、不振作……，你可以改變，只要不是冷漠，一切都有生機，中國人不是也說「哀莫大於心死」？正是如此。

所以每個人都需要輔導，需要教師，這包括老師和父母。我喜歡稱自己為「教育者」，而不愛自稱「教授」。教育者在拉丁文中，有引導、輔導之意，從事教育工作者不正是如此？沒人能教別人做任何事，除非他自己願意去接受，否則生吞活剝、強行灌輸的填鴨式，都不是教育的目的。一位明理的教師，當有學生問到他不懂的問題時，他不是搪塞以對或惱羞成怒，而是坦然承認：「這個我也不懂，讓我們一起來找答案！」這也是學習的樂趣。沒有人是博學多知的，我們也不必樣樣都懂。孔子不是說過：「知之為知之，不知為不知，是知也。」從互相學習中，我們有了尋求的樂趣和學習的友伴，這才是教育的真諦。

＊　＊　＊

我還想再說一些我的看法與理論，我總覺得，我們每個人的心都裝滿了許許多多的雜事，於是有人會裝不下或無暇去顧及所愛的人。

我曾是洛杉磯防止自殺學會的工作人員之一，我的電話不停的響著，那麼多寂寞的人，掙扎在自殺邊緣，我總是在想，若是我們每個人能有這樣的胸懷——「我愛你，不管你是……」是蠢、是醜、是犯錯，只要你有人性、是人類，並且有人愛你，也許心理診所就不需要存在，婚姻破裂的現象也會少些。但是，不幸的是，社會太大，顧不了那小小的心靈。那麼家庭呢？個人呢？即使是小小的一個人、一顆心，若能彼此依恃、

人是需要互相關懷的，即使是一點小小的心意，因為你在乎、你關心，往往改變了另一個人的生活。

互相容納，在人生中就不會有惶恐無依的人。美國詩人佛洛斯特（R. Frost）說：「家，是時時向你伸開雙臂迎接你投入的地方。」不管你是完美還是有瑕疵，聰明或愚笨，家不會摒棄你於門外，它愛你、包容你、接納你。這就是我要再三強調的人間暖意。

人是需要互相關懷的，即使是一點小小的心意，因為你在乎、你關心，往往改變了另一個人的生活。人是很容易滿足的，一根指頭，也許可能是一道堤防，防止了氾濫，也杜絕了自毀。

人也需要有自我滿足與成就，每個人都希望能發揮潛能、表現出來，也希望有一天會有人欣賞、讚美、支持和鼓勵，這是我們人性中所希求的成就感。

所以要學習、要改變，每個人都必須走出自我的束縛。在學習之先，人必須先放鬆自己，拋棄成見，你要引人欣賞你的不是外表而是實質，「讓我認識你，強尼。

不，不是你的外在，我要知道你，然後才能開始創造」，教育也是如此，我們要從自由中學習創造。

還有一點，人需要愛，需要誠實相對，也需要情感的教養與薰陶。教育家史基爾（Skeels）曾做過一份報告，他在孤兒院中發現，被遺棄的孩子，無論智商多麼高，一旦進去後，智商往往逐漸減低以致幾近於低能的地步，他懷疑究竟是什麼原因造成如此顯著的變化，於是找了十二名孤兒，把他們送到智力發育緩慢的少女院去，讓這些女孩子照顧。雖然這些少女本身的智力不足，但是她們真心愛這些小孤兒。

最近的報告指出，留在孤兒院中缺少關心和愛的一群孩子，大多瀕臨精神分裂或心理不正常；而這十二個有人愛、照顧、關心的孤兒，不僅個個完成高中教育，而且結婚、生子，只有一對離婚。他們自力更生，沒有依賴救濟金或社會福利過活。很明顯的，結果告訴我們，每個人都需要愛和關懷，否則會寂寞或終致孤獨而瘋。

還有一點很重要，**每個人有各自的路，各自的途徑去創造、發現你自己，不要讓別人牽著你的鼻子走，也別讓他人來主宰你**。人類學家卡斯塔尼達（Castaneda）寫了一本書《巫士唐望的教誨》（*Teachings According to Don Juan*），他說：

每條路只是千百萬途徑之一，如果你不想走這條路，千萬別停留，沒有人能冒犯你的心志，但是你的決定必須在自由而無懼的情況下進行，我告訴你，嘗試每一條路，直到你覺得已經足夠，然後問自己，這條路有「心」嗎？有「心」的路，會引你向前，引你抵達完善，否則其他的路都一樣有樹叢、有小石、有荊棘……。除了「心」，大大小小的路全都一樣，終究會令你迷失，所以一定要找出自己的「心路」。

如果你想幫助別人，第一件事就是，千萬不能強詞奪理，意圖影響他人，你一定要先學會聽別人說話。看人表達情意，是一件美的藝術。有一天，我真想卸下所有責任，專門研究此種藝術。聽人說話是如此重要，尤其是我們從事輔導工作的人，我們不喜歡死寂，但一旦對方開口，你最好聆聽，人們會把一切傾訴於你。

然而，你必須誠懇、真心，不能虛偽，世界上最難的事就是偽裝。你愈接近真實的你、真正的你，你愈覺得生活純樸簡單，最難的事莫過於你必須把自己裝扮成人人喜歡、人人期待的你，那多累！為什麼不做一個容易做的自己？千萬別讓人使你扮演那種困難的角色。做你自己，省下那些虛情假意的精力，你會發現生活原來是很單純、很容易，也很愉悅的。

你愈接近真實的你、真正的你，你愈覺得生活純樸簡單，最難的事莫過於你必須把自己裝扮成人人喜歡、人人期待的你，那多累！

其次是，別命令別人做任何事，你不是上帝，你也不知別人頭上的那片天；你可以引導，但是你不能命令，最好先有溝通與交談，才能彼此了解。做為輔導人員，你不能高高在上或拒人於千里之外，你若是一副威風凜凜的神情，不是把人都嚇得不敢說話了嗎？

最後，我們要記住，這是一個分工合作的社會，我們要有團隊精神，我們每個人都要各盡其力，才能使這個世界運轉，千萬不能自欺欺人，也不能隱瞞掩蓋。你的孩子是什麼樣，就是什麼樣，我們不是要去改變強尼的大腦，如果他有智商不足的毛病，我們要一起合作的是幫他改進，使他學習，而不是給他一個新的大腦，這是不能修補的問題。認清了這個事實，再一步步決定計畫下去。

我要用辛克（Zinker）的話來做為結束，他在其著作《公眾知識與個人啟示》（*On Public Knowledge and Personal Revelation*）中有非常精采的看法：

一個人可以創造自己的命運，他的腦未衰、他的心未死、他的軀體未空，他一定有能力去改變自己的命運。在掙扎、恐懼，與自己命運搏鬥的過程中，他得悉了自己真正的需要。他把這些付諸行動去滿足自己的需要，而不止於空思幻想而已……

這就是我的本意，與其坐而言，不如起而行。現在就開始去做——

去思、去想、去聽，用雙手去做、去接觸，不求十全十美。聽孩子、朋友、家人、妻子的心聲。尊重，來自彼此的信賴和真誠，互尊、互重也來自彼此傾訴、聆聽的啟示。

我們也要記住，故步自封絕無法達到海闊天空的境界。沒有耕耘，如何能有收穫，沒有任何人能教你如何建立自己，也沒有任何書或方程式可以幫助你發展自己，只有一點：**我思故我在，我在故我成長；我成長，我才能建立自我**。我決定自己的命運，沒人能取代我的權利來為我決定；我也面對自己的短處、錯誤，無人能代我受罪受苦，我對自己負責，若是我失敗，我豈能怨天尤人？

明天是新的一天，我對自己的未來負責。

3

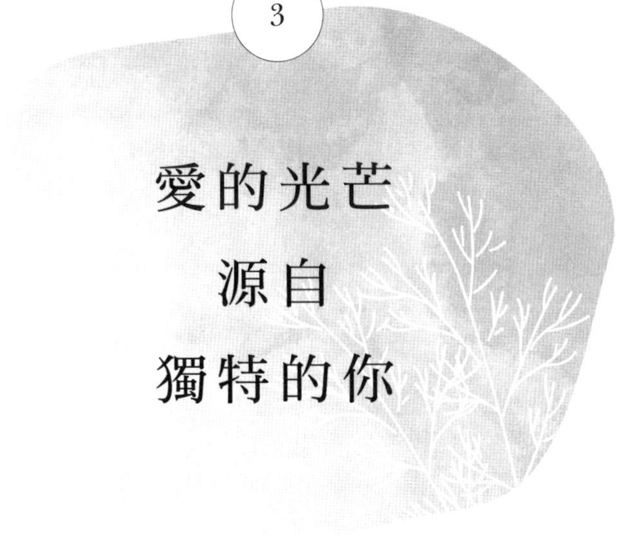

愛的光芒
源自
獨特的你

—— … ——

愛，因為你能愛，不是因為你必須去愛。

花開，因為他們自然開放展露，而非取悅人群。

你生活和愛，因為你要如此，這是生命的本質。

有一些事我不希望它存在，所以我要先特別向大家聲明，然後我們就可以開始進入正題。

每個人的學習方法不同，我自己也有一套經驗。那一年，我在亞洲旅行時，曾經在禪寺學習。當時有位我非常佩服的日本教師，他是一位彬彬有禮、溫文爾雅的學者，本身帶著一種仁慈及分享的美德；他的一生，其實就是一個與人分享的人生，我希望我的一生也將是如此。我們與人分享的同時，也同時享受到別人的贈與；如此同享的結果，使人愈來愈富有，得到愈來愈多可以分享的東西。

記得那天，我和老師在竹林中散步時，我滔滔不絕的說著自以為是的道理，我用盡了字彙和智慧，想加深老師對我的印象。

「瞧，我知道的也不少，這都是我知道的。」言語間，多少帶著幾分得意自許。

當我正說到忘形時，頃刻間，一個巴掌打在我的右頰上，這位一向反對武力的長者，竟然動了粗。

我用手撫住流血的嘴唇，詫異的看著他：「為什麼這樣對我？」

他用我從未見過的怒容，對我說：「不要用你的髒腳走在我的頭上——」

我來到這裡與大家見面之前，我洗了腳，我也不希望用我的髒腳走在你的頭上，我所期望於你我之間的，是一段溫和而共享的時光，你擷取你想要的，把不要的捨棄。我不願強迫推銷，只希望在我們分手之前，能有共同分享的機會。

我猜大部分的人從我的錄音或書中，都知道我是一個全心全意致力於「愛的教育」的人。**我深信每一個人都有不可限量的潛能去愛，不過這個潛能像其他的潛能一樣，你不去用它，它就顯露不出來。**

多年前，我開了一門叫做「愛」的課，剛開始，只有十五到二十個學生左右，現在如果我允許，大約有五百人，但我盡量限制到每班不超過五十人，這樣我們才可以真正聚集在一起。其實，我自己並沒有教那門功課，我只是和大家一起坐下來，共同學習，使它成為可能學習的課程。**因為愛是可以學習的，每個人有各自不同的方法去學習、去體會，因此你們也教了我，就像你們來向我學習一樣，這也是為何在心之深處，愛是分享的。**

我總是這麼想，你們有需求時可以來告訴我，這並不是心理治療，我也不是心理醫生，我只是一個教育者；我深信不管每個人的生活背景如何、學習方法如何，你如果真正要學習，總是要學習與人有所不同，而不是人云亦云。許多事可以學、可以不學，也可以重新學習，所以也就有了希望、失落和獲得，你不必為過去的不幸獨自飲泣，也

我深信不管每個人的生活背景如何、學習方法如何，你如果真正要學習，總是要學習與人有所不同，而不是人云亦云。

不必孤獨終老。

最近我有個非常有趣的經驗。我常常旅行，每次都帶著成堆的公事上飛機，因為那是我唯一可以安心工作的時刻。你知道我的原則是「人第一，事物第二」，所以每當我在辦公室時，總是片刻不得安寧。在家也是被電話與人群包圍——當然這是我所冀望，也是我所熱愛的生活，但是在飛機上，就像擁有一間私人辦公室。雲深不知處，當飛機在雲端飛行時，我就享有了完全的靜謐，沒人打擾我。

於是我問：「我有很多工作要做，旁邊的空位可以給我用嗎？」

「好啊！如果飛機不擠。」他們回答我，所以絕大多數時候我都能如願在空位上打開公事包，做事或思考。每當完成工作之後，望著窗外雲彩，與白雲同行，這世界多麼美好！

這天，也是有個空位擱在我和另一位珠光寶氣的婦人之間，於是我打開公事包，把東西散放在位子上，我猜那位婦人很想和我聊聊天，但我對自己說：「我也想和她聊聊，可是我有考卷要改，也有文獻要看。」

她卻已等不及了！

「我打賭，我可以猜到你的行業。」

「我？」

「你是律師。」她說。

「不，我不是律師。」

「那，你一定是教師。」她說。

「對，我就是教師。」

「啊！太好了。」她說，而我又回到工作上。但是突然間，我感到我不管走到何處，總是關心「人」勝過「事」。這個女人需要有人談談，你又為什麼拒人於千里之外呢？和她談一會兒吧！然後再向她解釋你需要批改作業……。

當然，結果並不如我所計畫的那樣，只是，妙的是她像山洪爆發一樣，滔滔不絕的說了好多事。有些人是寧可向陌生人訴說心聲，也不願向自己的朋友訴苦的，因為她知道，當飛機在洛杉磯降落時，各自分道揚鑣，也許不再碰面，所以也就沒有傳播出去的危險。因此她就開始述說，她有四個女兒，她剛從巴哈馬渡假回來……。

「你玩得開心嗎？」我問。

「糟透了。」她說。

「你一個人去的？」

「嗯。」她說。

未待我開口，她又說：「我是想把自己破碎的心拼合起來。」

「怎麼回事？」

「是這樣，」她接著說：「兩個月前，我丈夫遺棄了我。」

「真遺憾聽到這樣的消息。」我說。

於是她開始了她的故事，她一生的故事……

「想想看，我把一生中最好的時光都給了他，真的，我最好的時光！」

「我給他我最好的時光，我給他可愛的女兒、一塵不染的房子，我的孩子從未誤過學，我也燒了一手好菜，我常招待他的朋友，我處處為他……」她繼續說著。

我真為她感到難過，因為她所提到的，為了她丈夫的所作所為，都是可以雇人代勞的「事」。但是她卻失去了自我，她沒有給他丈夫那一個神妙、好奇、未曾啟發的

「她自己」。她給他美食——可以在餐館中買到的美味；她為他清洗掃除——洗衣店可以代勞的工作。太可怕了。

「你為自己做了什麼？」我問。

「什麼意思？」她說。

「我的意思是，你為自己做過什麼事？」我說。

「我哪有時間為自己做什麼事？」她嘆了口氣，沉默片刻。

我說：「如果有時間，你希望做什麼？」

「哦！我總是夢想著丟鍋子。」

多美妙，如果她摔過鍋子。但是她不知道那是重要的。我真為她難過，她的所作所為，都只是傳統的職責。她履行外在的職責，卻失去了內心的自我、她的喜愛或夢想，她完全失去了極為重要的自己。

「我的丈夫遇到比較有趣的女人，她不愛吸塵，也不愛洗床單，但是……」

那天，我們談了很久，她一會兒哭，一會兒嘆氣，我也跟著傷心嘆息，她不斷的說，卻始終未曾去問自己——

「什麼是我最重要的本質？」

如果你是一個真愛者，你要把最好的「你」奉獻出來，不是洗衣、煮飯，而是真正的「你」，獨一無二的「你」。雖然每人被教養成不同的個體，每一個存在的你，都是獨立、特出的，想想看，多美！

「我的特質是什麼？」「我的需要是什麼？」

做為一個愛的使者，如果你也不知道這些自我的需求和特質，最好趕快花點時間想一想。如果你是一個真愛者，你要把最好的「你」奉獻出來，不是洗衣、煮飯，而是真正的「你」，獨一無二的「你」。雖然每人被教養成不同的個體，每一個存在的你，都是獨立、特出的，想想看，多美！如果我們每一個不同的個體，都能發展出不同的特性，我們再交換、分享，這世界就更加富足。

而**最重要的是，每一個人都是不可限量的，你永遠是存在的，也樂於分享**。一個不曾去找尋自我的人，他只是任人擺布，接受安排，久而久之，就失去了自我。

可喜的是，你不會失去自己。你如有心，仍然可以找回來，因為那是你擁有的。如果你偶爾感到空虛，那是內在的你在呼喊，那個你真正的「我」在叫著：「我在這裡。」

「我要發揮！」……那真正的我要出來，不願躲在裡面。

＊　＊　＊

我不知道你們聽過這個小故事沒有？這是一個非常有意思的寓言——有一個叫做莫拉的人，在大街上找東西，他的朋友看到了，問他：「莫拉，你在找什麼啊？」

「找鑰匙。」他說。

「我來幫你找！」朋友說著，也蹲在地上，到處找尋。

「莫拉，你記得鑰匙掉在哪個角落嗎？」

「我在屋子裡掉的。」他說。

「那你在大街上找什麼？」朋友怪責。

「因為街上比較亮啊！」

瞧，街上是熱鬧些，但是卻找不到失落的鑰匙。我們生活中不也常常如此？在亮處確實容易找到東西，但問題是，若只有你自己才有真正的答案，那麼不論你跑到亮處、跑到大街上，都仍然找不到。**如果你以為可以遠離塵世、可以逃避，你逃到尼泊爾**

山頂，面對的仍是你自己，你的恐懼、你的憂愁、你的寂寞、你的煩惱……，所以你必須開始看看自己，真正內在的你；雖然內在是黑暗的，在黑暗中摸索也不容易，但現在正是時候，開始找尋你自己。

我們學過代數，學過幾何，但是，有誰教過我們人生是什麼？有誰告訴我們答案？「我好寂寞，我怎麼辦？」我們抱回一大堆書，一大堆聖經名言……，但是，仍然找不到答案，因為，如果你要給自己解答，答案就在你心深處，而不是外面喧鬧的世界。

那麼，什麼是最重要的呢？我們認為，**學習是最重要的。我們經常只是在學習事實，而非學習智慧**。我們窮一生去學習，所得來的只是一些呆板的事實。那些過時的既定事實，存在並占據我們的心，成了揮之不去的雜音。而這些心靈中的雜音，正是我們難以自我改變的因素。所以我們一定要明瞭學習的真諦，才能通過這些過時的事實雜音，深入真知。

我常常問人家：「你是真正的你嗎？還是別人眼中所塑造的你？」

人的確在不知不覺中把人分門別類。譬如，一個母親會告訴她的朋友：「我這個兒子比較乖，但沒有哥哥聰明。」你以為小孩子是聾子嗎？這麼快貼上標籤、封上等級，做為父母、教師，真是要特別小心避免這種分類。

盡信書不如無書，如果生吞活剝的學習，而沒有加以融會貫通，這種靜態的學習，永遠不能幫助你成長，反而成了你的阻礙。有人用了二十年的教材，至今仍然使用著；有人教了九年的四年級，還是用一樣的開場白。

知識不是智慧，只有學習也不能達到智慧的境界。智慧必須是知識與事實的相輔相成。智慧使你感到自己的無知，所以虛懷若谷，智慧者云：「**我的心是開放的，我的學習只是一個開始。因為我感到貧乏，所以我學習。**」這才是智慧的起源。

我不知道別的文化是否和我們的文化一樣，這麼注重樂趣，我們總是想到歡樂；歡樂是主題，我們一不開心，就吞食藥片或喝下瓊漿樂汁藉酒消愁，而誰要受苦受難？我們的文化憎恨且害怕挫折。當然，我不是在這裡呼叫：「讓我們來忍受苦難吧！」不，不要誤會我，我寧可在愉悅中學習和教導。

歡愉是一個偉大的教師，但同樣的，絕望也是。奇蹟是好老師，困惑又何嘗不是呢？理想是教師，幻想何嘗不是呢？如果生命教會我們思考，那死亡又何嘗不是？把自己從這些生活體驗中退出，就是沒有真正經歷到完整的人生。

我不知道世界上還有哪一個文化像我們一樣沒有經歷真正的人生？我們甚至不知

道那些感受是什麼。我們與生活隔離著，我們不知道金錢的價值、事情的真相、饑餓的真義，我們不了解苦難、死亡是什麼？天曉得，我們是不去提它的，連小孩也不准接近死者，誰會深思？

＊　＊　＊

你們也許聽過，我來自一個簡單而溫暖的移民家庭。在義大利北邊的小村莊，葡萄園圍繞著，雖然那是非常樸素的生活，卻不把我們從生活中隔離。我們總是分享著每一件事，一起唱歌、歡笑，也同憂共難。在同一個屋頂下，有笑聲，也有嘆息，我們一起唱、一起哭，從不與生活隔離。

我的家是一個非常奇妙而和睦的家庭，因為我們一起共享。有時我們吃麵餅、香腸和義大利麵，有時我們卻一無所有。每當看見父親拉著長臉回來：「『我們』沒錢了。」他看著每一個人說：「『我們』怎麼辦呢？」姊姊說：「我到菜市場去撿一些菜葉吧！」我說：「我可以去推銷報紙、雜誌。」

「我們」，多麼美好的字眼，「我們」體會了相互牽連的關係和意義。

媽媽有一個神妙小瓶子，她叫做「生存的罐子」。每當爸爸為了經濟拮据而拉長

如果你沉迷於昨日，幻想於未來，你就失去了活著的此刻；你和我存在的此刻，才是真正的事實。

臉時，她就會把小罐子拿出來，去做一些會令我們歡呼的「荒唐事」。她平時把一些小錢放入罐中，藏在後院。當我們挨餓時，她會出人意料的把一隻雞擺上桌，而買雞的錢就是來自她暱稱的「生存的罐子」。「我們」從失望中學習，從饑餓中領悟，從家中的一分子，體會到「我們」在家庭中的分量。

有時候，我們感到財產是很重要的，華屋、錢財、群眾、大志……，為了避免劫事臨頭，我們窮盡一生追求，也因此我們停止享受當下的生活。不知你們可曾想到？**真正的存在是此刻**。昨日已逝，而明日不可測，逝去的你無法追回，而未來，即使是多麼美好，卻不真實。如果你沉迷於昨日，幻想於未來，你就失去了活著的此刻；你和我存在的此刻，才是真正的事實。如果是一位愛的行者，必能領悟這份**「活在當下」**的事實，我們要去體會和接觸的事實。

記否我借用你的新車，卻把車子撞壞，我以為你要怪我，可是你不曾——
記否那天我硬拉你去海濱？你說會下雨，我卻不理？你也未曾怪我——
記否我故意結交許多男友，來引你嫉妒？
我以為你會不再理我，可是你不曾——
記否我打翻了草莓在你車子的地毯上，我以為你會怒責我，可是你不曾——
記否我忘了告訴你那是正式的舞會，結果你穿著牛仔褲出現？
我以為你再也不理我了，可是你不曾——
許多許多的事，你原諒了我，
因為你愛我，你把自己奉獻給我；
許多許多的事，當你從越戰回來時，
我要報答你，補償我對你的任性，可是你已不曾——

這是我一個女學生寫的詩，她答應我用來與你們分享，只是保留她的真名，她稱這首詩為——未曾做的事。

我用這首詩的目的是，因為我們常常拖延，特別是對我們所愛和關心的人，我們未曾及時表達內心的真意——

我不知道你們怎麼想？我覺得，有許多身外之事都是不重要的，我的車、我的房子、我的教育、我的衣物……這些有什麼重要？重要的是活著的此刻。我不為昨日哭，我也不為人言惱，我不想在怨天尤人中度過餘生。我實在聽厭了那些對父母的抱怨，你們知道父母給了你們什麼？你們認為最好的、最完美的他們自己。有哪個父母會存心惡毒的對待兒女？除非他是心理反常。

你能原諒嗎？你能忘懷嗎？你能說：「沒關係，人都會犯錯的。」你能說：「父母也是人。」然後伸開雙臂，擁抱他們，也擁抱你自己？你也是人，你會重新認識你自己，是的，你做錯過事，你自怨自艾過，但是重要的是，你是你，獨一無二的你，你有不可限量的未來等著你。**現在的你只是一個開始，為了一件小事而流淚、頓足。去原諒別人，去認識自己，你的人生，才是你要全心經營的目的，你得接受這個職責。**

希臘文學家卡任左克說：「你有筆，你有顏料，你可以畫一個樂園給你自己。」

去吧！現在就去畫，橘色、藍色、紫色、綠色……畫你自己的樂園，你當然可勝任愉快。你現在就可以去做，那是你生命中的重大課題。

還有，什麼是人生的基本？我並不是故意做聳人聽聞之言，但是**「死亡」**，**卻是**

我們現在能做的事，為什麼要等到將來呢？現在能表達的愛，為什麼要保留呢？

唯一能使你認識人生的根本。死亡，使我們領悟人生的有限、生命的短暫。我曾經給學生一個課題：如果你只有五天生命，你如何度過？和誰共度？多半的回答，也都是既簡單又相同——

「如果我只能活五天，我會告訴×××我對他的愛。」

「如果我只能活五天，我要坐在海濱，欣賞日落……」

那麼，等什麼呢？現在就去做，我總是給我的學生批下長長的鼓勵之言。我們現在能做的事，為什麼要等到將來呢？現在能表達的愛，為什麼要保留呢？

但是我們避諱提及死亡，我們對待死亡，像背負一個巨大的陰影，一觸碰到，就驚悸或流淚。但死亡卻是我們必須面對的另一個人生，和現實的人生是有如雙輪並前的車輛；**只有死亡，才能教會我們生命的短暫，我們因此才能繼續向前邁進……。**

死亡，並不是一件恐怖的事，死亡教會我們時間的可貴，幫助我們珍惜所擁有的親情、友愛。**我們沒有永恆，我們必須把握**。相愛的人，因為忙碌而不曾彼此關懷、珍惜。忙碌的父母，未曾珍惜成長的兒女，一直到他們成長、遠去……。

今天，到處有保險機構，但是沒人敢保證你不會哀愁或你不會死亡。死亡，是可見、可知的事情。在亞洲，孩子並未被死亡隔離，送葬的行列在街上時時出現，我們為什麼逃避？只有死亡，使我們領悟愛——愛是張開的雙臂。愛是自由。你一直張開雙手，而人們自由來去。你無法掌控！

「我不想讓你死去——」但，你能擁有什麼？在我們有生之年，去體驗生命，去生氣、哭泣。然後，放手。我們要珍惜愛，因為我們的生命是有限的。

東方聖哲常把生命比做河流，源遠流長，生生不息，你要把什麼加在生命的河流？愛、欣喜和安寧，還是仇恨、絕望與紛擾？這一切，全在於你。河水流動不息，它何曾在乎那掀起的浪花和渦流？生命到頭，也是殊途同歸，它又何曾在乎你的喜、怒、哀、樂？只有你，這一切完全取決於你。

最後，也是最重要的，**生命的基本，並不止於你從生命中取得的，而是你回報給生命的是什麼**。

愛，因為你能愛，不是因為你必須去愛。施捨、贈與也是因為你有心奉獻。花開，因為他們自然開放展露，而非取悅人群。你生活和愛，因為你要如此，這是生命的本質。

我們時常忘了自身的責任。不錯，我們捐錢給慈善機構和教堂，但我們忘了捐贈給另一個不能免稅的機構。我們忘記了真正的贈與之義——**我給你愛，因為我愛你，並不是因為期待你的回報**。我們若總是等著回報才贈與，我相信，這是痛苦的贈與。我們向人道「早安」，因為你願意如此，並非你期待別人的回報。如果你期待別人回報卻落了空，你不免會自怨自艾：「我真不該去跟他說早安的。」

我有時出門，也碰到這樣的情形：

我向人道早安，有人回頭瞪我：「我認識你嗎？」

我說：「不認識，但是有關係嗎？」

他們說：「沒有。」

有沒有關係他們有權利決定。我也有權利決定我要做的事，我仍然道我的早安，不管別人理不理我。

如果我們不期待，我們會擁有更多，這是佛家的「無欲而安」。愛，因為你能愛，不是因為你必須去愛。施捨、贈與也是因為你有心奉獻。花開，因為他們自然開放展露，而非取悅人群。你生活和愛，因為你要如此，這是生命的本質。

最後，有一些雋句，我以為可以引導我們更進入生命的精華，我一向喜歡玩弄文字，也喜歡說出來跟大家分享：

一、知識——是人生旅程中不可或缺的工具。

二、智慧——是運用已擁有的知識，去應對目前的生活，去創造更完美的自己。

三、寬容——是使人能容納異見，而與之相輔相成。

四、和諧——是能與生活相融，隨機應變，而非故步自封。

五、創造力——能創造新境界而不自限。

六、堅定——使人能在逆境中不屈不撓，勇往直前。

七、和平——使人不迷失自我而隨波逐流。

八、愉悅——使人生充滿笑聲和樂趣。

九、愛——使人走向人生的至情境界。

十、天人合一——使人回到天下萬物本為一體的境界。

所以，愛的體認，也使我認識了人生，生活在有愛的生活裡，也就是把生命充滿在愛的生活裡。

我覺得，生命是上帝送給我們的禮物，讓生命多采多姿吧！因為那也是我們回報給上帝的禮物。

4

用自己的心，找到失去的「心」

我們受限於許多規矩，

要解除這些束縛，我們必須從自我桎梏中走出來，

只有用自己的心，才能找到失去的「心」。

我總覺得自己是幸運的人，可以遍遊全球，經歷各種不同的事物。現在，我想和大家分享我的觀察所得及所思、所感。

我發現大多數人都迷失在外在的世界，這個外在世界包括許多物質的追求和享受。我們享有許多最好、最大、最富足的物質需求，但是我們的世界仍停留於一點，這些追求沒有使我們心胸拓展或加深；基本上，許多人仍然寂寞，仍然徬徨無依、不知所措。

根據多年來與孩子接近的感受，我發現到**我們所給予孩子的往往不是真正的我們，我們給予他們太多外在的、肉眼能見的東西，而忽略了內在的、唯一可貴的真值**。我們要教孩子的，也就是這一真實的自我，所以，此刻，我想談談非肉眼能見的珍藏。

相信你們都看過《小王子》這本書，那是描寫小王子如何經歷成長的過程，如何由天上的孤星來到人間，由玫瑰花與狐狸的對照中，體會到非肉眼能見的真值。

所以，「最重要的，往往是肉眼看不見的真值……」。

多年前，我曾花了極長的時間去研究教義，如果你只注意凡事的外表，往往就失去了解其內蘊的機會。因此，當我提到教師一詞時，我不只是指有學位、有文憑的老師，我同時也指父母、賣冰淇淋的人或清潔工人等許許多多不同的人，他們教會我們各

我們不能只憑一雙眼睛來看人事物，我們必須擁有許許多多、各式各樣的工具——那是與人性一起運作的「興奮」、「挑戰」、「驚奇」。

式各樣的知識。所以，只憑肉眼來判斷是不夠也不正確的，因為肉眼能見的是如此微小而有限，而非肉眼所見的又是如此的巨大和無限，我們如何能僅由肉眼所及來判斷呢？

那些只用肉眼來判斷的人，是絕對不正確的，肉眼是身體上最不正確、最不堅定又有偏見的器官。**人常常視而不見，常常未能洞悉真存的內蘊**。

除非我們謹慎、細心，否則很容易犯了教育家馬斯洛（Abraham Maslow）所說的錯誤：「如果錘子是你擁有的唯一工具，你很可能會把每件事都看成釘子。」所以我們不能只憑一雙眼睛來看人事物，我們必須擁有許許多多、各式各樣的工具——那是與人性一起運作的「興奮」、「挑戰」、「驚奇」，正好和機器的運作形成對比。

什麼是使我們忽略了去真切體認的原因？我想，第一個原因恐怕是我們自己冷漠的心。最近我看了許多有關知覺方面的書，終於明白了一件事，事實上，人的中樞神經不會接收所有外來事物，而是選擇、排除其他事物，我們稱之為「選擇性的知識」（Selective Perception）。這也正是我們只看到周圍環境中一小部分事物的原因。當然，我們也需要具備這種選擇的能力。譬如說，在一個房間中，有許許多多的事情進行著，你選擇了我為注意的中心，我感謝你這份意願，因為你決定要聽我說話，所以聽不見其他人的咳嗽聲、進進出出的聲響，也聽不到旁邊的人肚子餓的抗議叫聲……，你聽不到干擾或其他聲音，因為你自願選擇了我。你專心傾聽，也就不會心不在焉或魂不守舍的做白日夢。

最近在L. S. D.（迷幻藥）的報告中發現，一般人吸食L. S. D.是因為沒有想過到底吸食之後會有什麼不良後果；也沒有準備好體驗那種瞬間打開所有感官、接收一切外在刺激的經歷，以致最後落得神智不清而進入精神病院的後果。但是，我們的中樞神經系統在過去經驗的訓練之下，負責阻擋並擷取訊息，導致我們的學習其實非常有限。所以光靠我們有限的知識來判斷事物是不夠的，我們必須小心謹慎，真正去感覺，探討事物的真相，並且用「心」去看、去想！

有許多事也受限於既存的語言，如果我要你們對「愛」下一定義，也許會出現許多如「家庭」、「關懷」、「恐懼」……等解釋，但是，這能說盡愛的真義嗎？我們有

光靠我們有限的知識來判斷事物是不夠的，我們必須小心謹慎，真正去感覺，探討事物的真相，並且用「心」去看、去想！

限的語言往往也限制了我們無限的感受。**我們往往以為，這肉眼所見的世界就是全部了，事實上，這只是一個起點，你的感覺、你的嗅覺、你的觸覺……，都有待你去拓展**。這不是奇蹟，你有能力去知、去摸、去感、去嘗……，但是，由於我們的忽略，往往限制了自己海闊天空的發展。

我們最大的阻礙是「冷漠」，冷漠使我們無視於周遭的事物，「我才不管那麼多呢！」「誰在乎什麼共鳴反應，讓利奧去自說自話吧！」「我這樣很好，為什麼還要改變？」……，我覺得這種麻木比死亡更可怕。我可以面對恨、怒、失望、痛苦，但是我不知如何拯救冷漠的人。

我一再引用羅柏．朗的話：「人一生下來，就被許多既有的教條定型。」所以，人若是受限於這些既有的規範，往往也限制了許許多多發展，說不定，窮其一生，也找不到真正的自己。

我們也愛創造完美的形象來限制自己，由於追求完美，

要解除這些束縛，我們必須從自我桎梏中走出來，只有用自己的心才能找到失去的「心」。

我們不能接受失敗，不能面對缺憾，也因此我們固定於一點，裹足不前。

我看過成千上萬的家長，為孩子建立一個美好的家庭：華屋大廈，窗明几淨，但是卻又不讓孩子去摸、去碰，「不要去客廳」、「不要坐那個沙發」、「不要穿鞋子進來」、「不要踩髒地毯」、「不要在屋子裡玩」……。

我們受限於許多規矩，但這卻不是釘住不能變動的。我們有自由的心志去嘗試、去經驗、去創造，我們有感覺、有心智，只要有心，就能完完全全的擁抱生活、體會人生。

要解除這些束縛，我們必須從自我桎梏中走出來，只有用自己的心才能找到失去的「心」。中國古語有云：「解鈴還須繫鈴人。」正是如此。

我們一般人用一些身外物來束縛自己，像安全感、金錢，都是捆住我們心智成長的壓力，為了安全，我們怕被偷、被搶。我曾經有兩個月內被偷竊三次的經驗，當值錢的東西愈來愈少時，我才領悟到，家徒四壁已無可偷之物，反倒心安理得，無所牽掛。

金錢也常常奴役我們、束縛我們。有錢當然有許多方便，但它不是必需品，也不能給你安全感。佛家云：「我們醒來時，純真如天使，卻帶著一身罪惡入睡。」因為我們睜開眼的同時，就追求私欲和權力；只因為我們怕失去安全，**在我們貪欲和恐懼的同時，也失去了欣賞周圍的美麗與變化的機會。其實真正的安全來自於你，你才是唯一的安全所在**。

占有欲也可能阻止心智成長，有了汽車要有遊艇，有了房子，還要有飛機……，不能滿足於擁有的，也就永遠不能停止這種驅使追求。能有感謝之心，能對已有的懷著感謝和銘懷之心，才能使自己免於這些奴役和驅使。

那麼，我們到底是何許人？我們不是追求物欲的機器，我們不是只會吸收教育、學習禮儀的身心，也不只是能知能覺的軀體，除此之外，還有更大、更廣的心去吸取、去體會。既有的知識、已有的心智，都不是真正的你。你，有待自己更深入思考、去發掘。

不過，如果你只停留在這小小的個體，你將永遠停留在這有限的你，永遠得不到那無限、有待發掘的自己。但是，我們怎麼去發掘那個自己呢？

第一點：知覺。對自己、對萬物、對生命、對成長的知覺，生、老、病、死、美、醜、愛、恨……，自然界的花開花落，樹木的成長和落葉，都給予人新奇的感受。打開心胸，去看、去聽、去體會，在打開心胸的同時，你也在成長、在蛻變。有無窮無盡的世界等著你去看、去聽、去享受，去欣賞貝多芬音樂或看一本書、一冊詩集，都會帶你進入美的境界。而當你愛一個人，從那個愛，也引你走向千百個可愛的事物。

第二點：靈活。天下沒有走不通的胡同，尋找出路，尋找可能，不要把自己陷於絕境。舉例來說，有位年輕的女孩等她的男友波斯特打電話給她，波斯特告訴女孩，下午四點會打電話來，於是她的身心全在電話上，從下午一點就坐立不安。她告訴姊妹不要吵她，從一點鐘起，就痴心的等著電話鈴響，一點、兩點、三點、四點，一直到晚上九點，電話沒來。她失望、絕望、痛苦、掙扎、氣惱……，最後把自己關在浴室割腕自殺以求解脫。為什麼？因為她想到唯一的可能是——男孩變心了。她絕望了，只有死路一條。我覺得，真正健全的人，都有一顆靈活圓通的心：「如果這事不可能，那麼還有哪些可能？」

以這女孩為例，她可以做什麼？洗頭、烤蛋糕、看書，或者更重要的，拿起電話，打給波斯特：「喂喂，你怎麼了？我在等你電話呢！」何至於要自殺？多麼可悲。

你自己做決定，自己選喜愛的色彩，去塗抹你的天堂或地獄，一切都掌握在你自己手中。

她以為凡事只有一面、一個可能，因此以死解決。其實人生有無數的通路，只等你靈活使用，只是有些人不敢去追求、發掘。

你自己做決定，自己選喜愛的色彩，去塗抹你的天堂或地獄，一切都掌握在你自己手中。但是別怪我，只有自己能對自己的決定負責。忘記過去，面對今日，才是正確的人生態度。

還有一點，不要忘了凡事有多面，不要害怕面對否定。別人否定你，使你生氣、討厭，那是你自己的事，不要責怪別人。也許只因為別人與你不同，不合你口味，不令你喜歡，**但那不是他的錯，使你生氣、苦惱的是你自己**。

佛家說過「四大皆空」、「無欲則剛」，**若是你不期望完美、不苛求自己，你會輕鬆而活得自在。盡力而為，接受一切，你就會擁有更多。為善不求回報，給予不求報酬。**若有回報、有報酬，即使再小、再微，都會帶給你驚喜、愉悅。因此，快停止等待回報，接受你所得到的一切吧！一根草、一滴水、一份細小的心意，都足以令你伸開雙手去擁抱、感謝。不要期待別人都如你所期待的標準，人活著不是為了來迎合你的期待，滿足你的希求，若是你不明白這點，就會煩惱、痛苦以終。

最後一點，你真正需要的，已全在你身內。你只要明白此理，就足以享有你一切珍藏。也許你並非完美的，但是你的自我成長，會使你趨向完美。

孩子不管大人如何用智、愚、美、醜等標籤來區分，他們仍然是不可限量的。我們從事教育的人都明白他們有不可限制的潛能，只要我們去幫助他們發展、去鼓勵他們，也了解他們；在他們成長的過程中，時時給予支持與輔助的援手。如果他們能保持對人生的好奇和創意，他們終究都會走向海闊天空的奇妙世界，享受成功的人生。

5

三座通往幸福的明日之橋

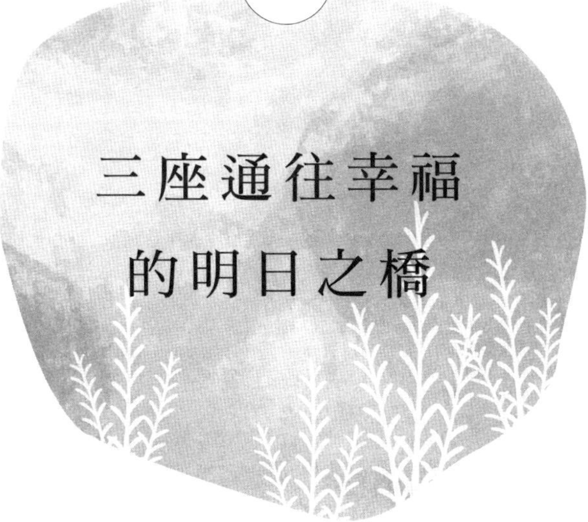

—— ··· ——

「把你放出來，溶入我們」，是力量的來處，也是助人的基本。

所以，開始築一座橋給你自己，讓它延伸出來，

不要停止、不要放棄，然後繼續為別人築橋。

我愛極了這個題目——明日之橋。

從孩提時開始，我就喜歡橋，所以一知道要談論的主題是明日之橋，我即刻再翻閱字典，重溫一次橋的定義——

橋是填補兩處距離，

橋是通往阻礙的過道，

橋也是溝通兩岸的孔道。

在過去四、五年中，我也盡心盡力做著橋梁的工作。我努力填補人際間的距離，化身克服阻礙的橋梁，使人類的生活更簡單、更真誠。

如果你能成為一道通往明日的橋梁，把今日的不足、阻礙和距離填滿成橋，使人容易跨越到燦爛的明日，該多美！但是，首先你必須奉獻自己，獻出你們全體的心力，然後才能建造成明日之橋。

而最重要的是，第一座橋，必須給你自己。

我常常感到困擾，從學習中，我們並沒學到什麼是自尊。記得多年前我在課堂上問學生：「如果你有選擇，你要往何處？希望自己成為誰？」令我驚訝的是，在這一群可愛而敏感的人中，百分之八十的人想要成為別人，像賈姬・歐納西斯（Jackie Onassis）或電影明星伯特・雷諾斯（Burt Reynolds）。事實上，你雖然有小小的缺點，沒有賈姬有錢，也沒有伯特・雷諾斯高大，但你是你，你若變成了他們，就失去了自我的價值和權益。如果你明白了這點，你就上路了，再也沒有人能阻攔你、使你失去自己。

世界上沒有學校教我們自尊、自愛，很少人能站起來大聲對自己說：「我真喜歡我自己，我喜歡我尚未伸展、潛在的自己。」我們必須有人出來教導，把不可限量的自己展露出來，因為你不僅實際在此，你還有很多潛能待開發，你不表達真我，不就成了虛偽的人？

我教過小學、中學，直到五年前，從亞洲回來後，才開始教大學。在我教過的學生中，最令人難以相信的是，我發現許多大學生冷漠和心不在焉，這使我很生氣，也很失望；每當你熱情澎湃的走入教室，要和學生分享你的所得所思，往往只看到他們的頭、他們的心不在焉；他們一字不漏的抄著筆記，記下每個句子，但什麼也沒聽進去。我有時必須請求他們：「放下鉛筆，看我、聽我。」

世界本來就有如一塊多彩的織錦，只有你盡力織好你自己所屬的那一小塊面積，才能使織錦完美無缺。

我喜歡對著你們的眼睛說話，是的，眼睛，不是鉛筆，不是頭。我們的文化習俗雖然不習慣對視，但是從眼神中，我得到訊息，我得到鼓勵。

人生的美妙也就在於：有一天，你發現到自己的與眾不同。這不是意外，而是一個成長的過程，你發現到自己的理想、幻想，你是一個有著多種目標與希望的綜合體，但千萬不要因別人的否認而放棄自己。你知道自己的本質是什麼、最重要的精神是什麼，你一一完成、一一貢獻。世界本來就有如一塊多彩的織錦，只有你盡力織好你自己所屬的那一小塊面積，才能使織錦完美無缺。

真正關心和教導孩子的人，必定也從孩子身上學到許多。你的心胸完全開放給孩子，你接納他們、愛護他們，而不是站在講台上發號施令、教訓孩子；成人往往習慣支使孩子、命令孩子，而忘了聽聽他們，與他們相處相談。

這一切都要從自己開始，所有與人溝通的橋梁必須由你

延伸出來，才能與人搭上、連繫。只有我不斷成長，我才能給你更多的我自己；我窮研智慧的精髓，才能給予追求真理的勇氣；我在了解自己的同時，才能更接近你的人類本性；我不斷的追求生命，才能與你一起慶祝人生的美妙，所以學習不僅為了自己，也同時分享給所處的環境和周圍。

「把你放出來，溶入我們」，是力量的來處，也是助人的基本。所以，開始築一座橋給你自己，讓它延伸出來，不要停止、不要放棄，然後繼續為別人築橋。

六〇年代是一個迷惑的年代，人人追求解答，人人懷疑萬物的存在，那是我教學生涯中的高峰，學生充滿了不馴與挑戰，而不是只呆坐著。他們不斷挑戰我，多麼好的教學相長，這正是一個表現自我的年代。然後七〇年代，一切沉寂下來，人從騷亂中漸趨平靜，開始沉思、開始自省，追求一種內在的解答。而現在，正是從自我沉思中醒來的時候，我們有十年的內省時間去沉澱、反思，那關閉二十年的自我中心，是否能與外界相連？我們必須走出自我，才能與人聯繫溝通。此時正是築橋的年代。

我們開始了第二座橋的建設。**第一座橋建立自我對外的橋，而這第二座橋，是與人合作，共同建造的**。以前我們總堅持「自己是對的」，而現在，我發現我並不永遠是對的，我有對有錯，你也有對有錯的時候；我可以對，你也不必一定是錯的；我們

我們可以有許許多多共同點，這些共同點使我們開始，我們若是朝這個方向伸展接觸，我們的橋就逐漸成形。

可以同時都對，兩個對或兩百個對。**真實對錯有時並不那麼明顯，所謂錯，有時也只是不那麼明朗顯著**。我們可以一起發掘彼此的共同點，世上絕對沒有兩個相似的個體，但是我們可以有許許多多共同點，這些共同點使我們開始，我們若是朝這個方向伸展接觸，我們的橋就逐漸成形。

在交通發達的今天，沒有接觸不到的偏遠地區，更何況這座橋由你開始，它使你走向每一個人及每一處。不論偏遠如尼泊爾或西藏荒野的村莊，沒有超過二十六小時到不了的地方。我們都已成了地球村的鄰居。以前我家每週日風雨無阻，開三小時車程去長堤聚會，現在從洛杉磯城中開車去長堤，只需二十五分鐘就可抵達。我們已成了愈來愈息息相關的鄰居，輕如落葉都能相互影響。我們再也不能拖延築橋，否則有一天彼此間的距離縫隙將難以尺量跨越。

在泰國中部與馬來西亞接壤的邊境，有座小島，島上的佛教寺廟非常缺水，所有的水都必須由船運來，因此水非常珍貴。我的佛學老師對我說了一個關於螞蟻的故事，他說：「在酷暑乾涸的夏天，你辛苦工作回來，打開樹蔭下珍藏的水缸，用小小的匙想去舀一口水喝，卻赫然發現一隻螞蟻，於是你大怒：『這小畜牲，膽敢侵占我樹蔭下珍貴的水！』啪的一聲，把螞蟻打死，這是侵犯。另一個你，也許在打死螞蟻的同時想到：『天確實很熱，這個小可憐，需要一個涼爽之處來消暑，你又不傷我的水，讓你涼快吧！』於是你用水匙，避開螞蟻，舀了一口水喝，這是不侵犯。」最後他說：「其實，當你打開水缸的一剎那，並沒有想到對、錯、好、壞，你只想到螞蟻這隻小蟲。」多寬大的胸懷。

我們必須以此體會這種不侵犯的親愛之情，由於互相的需求和彼此的相輔相成，才能達到豐富的收成，若是缺少了這份助力及連繫，我們將會貧乏、空虛而死。

「明日之橋」，這是一個美好的主題，但是，同時我也有點疑問，「明天」在哪裡？「現在」不也是很重要嗎？我們是否一定要等到明天？我的老師曾經說過，多數的人活在過去裡，對逝去的昨日，我們能做什麼呢？**若是只活在對過去的懷念或悔恨裡，我們永遠無法長大。讓過去的逝去吧！否則會像一條死鍊壓著你的脖子和胸口。**不要怨天尤人，不要責怪父母，天下有哪一個父母不是盡心盡力在為兒女謀求幸福！

昨天，是一張兌現過的支票；明天，是一個可期許的未來；而現在，只有現在握在你手中，好好把持也好好揮霍。現在，不會再來，但它握在你手中。

我經歷了窮苦的童年，我學會了兜售雜誌的技巧，我並不愛吃那摻水和著白菜的麵包，可是我們全家人一起度過這些日子。有時母親會賣掉一些東西，換來一頓比較豐富的晚餐，父親曾經大叫：「你瘋了！」母親總是回答：「不，我們現在也需要一些樂趣。沒錯，就是現在！」「我們」一起面對生活，我感謝我父母沒有躲避生活、隱瞞我們，使我也不會躲在暗處摸索迷失。我們一起經歷生活。

昨天，是一張兌現過的支票；明天，是一個可期許的未來；而現在，只有現在握在你手中，好好把持也好好揮霍。現在，不會再來，但它握在你手中。

我在一本人文雜誌上讀到一則小文，一位垂死的八十五歲老人說：「如果可以再活一次，我的人生一定要豁達開朗些，別總要求自己十全十美，也不要苛求別人，人生可以輕鬆愉快些。若是我不曾這麼嚴厲的自責、自許，我可以輕鬆自在些，我也可以享受美食美景。」他接著又說：「我寧可

生命就在你自己手中，多采多姿或灰暗陰晦，全在乎你自己。不論你塗上什麼色彩，你都彩繪了天堂，你也永遠可以決定加上新的顏料，這全是你自己的決定。

真實的煩惱，而不要有想像的憂慮。其實我們所擔憂的事，百分之九十不會發生，我就是那種憂心忡忡的人。如果我能再重新生活一次，我一定不再憂心忡忡，永遠背負著沉重行囊，而忽略了人生行路中的朝日與晚霞。」

佛家有云「四大皆空」、「無牽無掛」，大家深有同感，卻不斷追求物質。**滿足擁有的同時，也把從來不用的雜物堆積如山，套上一層層枷鎖。我們必須盡力拋棄這些累贅，拋棄這些束縛，不要讓它們困住你。**

生命就在你自己手中，多采多姿或灰暗陰晦，全在乎你自己。有人總是欣賞到滿天雲彩、繁花碩果及愉悅的人群，但卻也有人總是找不到一朵美麗的雲彩或值得留戀的角落。這全在於你自己，不論你塗上什麼色彩，你都彩繪了天堂，你也永遠可以決定加上新的顏料，這全是你自己的決定。

佛家教我們一個詞——欣喜，它和痛苦、失望、焦慮一樣。「欣喜」是人生的權利，每人一生中有不可錯失的歡喜快樂。心理學家說，許多人桎梏於千篇一律的生活，以致枯燥鬱悶以終。我們不妨偶爾打破一點常規，尋求一些變化，邀請你的伴侶外出用餐。「今天又不是週末。」他說。

「沒關係，讓我們打破一些規律。」你會發現那早餐是多麼美妙難忘。讓單調規律的生活有一些生機，有一些生趣。

第三座橋是要用愛去建築的。名劇作家桑頓．懷爾德（Thornton Wilder）說：

在樂土與天堂中，只有愛能連起生、死，也唯有愛能使人生和一切存在有了意義和價值。

在我告別你們之前，我要告訴你們印度的告別語——那美斯地，意即我尊重你所在的地方，正如你尊重我所立足的土地。**我們各自真正遵守己位，我們也開始了彼此的相敬相愛，由此我們合成一起**。那美斯地——再見。

6

讓自己幸福、也讓別人幸福的藝術

我們可以一起伸展、成長，

我伸出我的手，讓我們的想法、見解交流，我們的憂喜哀樂與共。

因此，我們有了向前拓展的方向和力量。

現在要談的主題深入我心，我不知您有沒有同感？我的確喜愛這個觀念——我是一個人，我有完全的潛能去發展成完整、健全的人，這真是一種美極的藝術，為人的藝術。

我總覺得我們在學校中學到了許多事，只有「人生」這個最重要的題目，卻沒人教導，好像人人生來就該懂、該會。沒有人教我們人生是什麼？人生的尊貴是什麼？「我是一個人」似乎是不必解釋、無須說明的。

但是，人生是什麼呢？

似乎也很難下定義。**有時，定義往往侷限了海闊天空的發展，和愛一樣，與其去解釋，不如去實行、去體會**。從愉悅與優美中，我的愛得以伸展；從全心迎接中，我的心胸因此擴大，日復一日，我們擁抱這極大的生活及人生，若是硬下定義，我怕我們會限制了人生的發展。但是，有一點，我們可以一起伸展、成長，我伸出我的手，讓我們的想法、見解交流，我們的憂喜哀樂與共。因此，我們有了向前拓展的方向和力量。

應該沒有人未曾嘗過寂寞的滋味，也沒有人未經失望的煎熬，我們同樣也曾笑過、哭過、歡呼或哀愁……多美，我們同樣體會了這些貼心的感受，經由此，我們的心可以溝通，我們的感受可以交流。**我們都是相同的人，經歷著同樣的折磨和喜樂，我們都有同一的目標：向前、向遠，成長為完全的人。**

你不能給人你所欠缺的，因此你必須先擁有之後，才有能力給予；你也不能給予人你所不愛的，你若憎惡自己又如何能奉獻自己？

發展為健全的人，這一個無限的潛能，常常振奮著我。**我們不能成為上帝，但是我們可以成為一個「全人」，愉悅自如的生活**，這也是我要說到的主題，我們生活中主要使我們健全發展的一些因素。

我要再回到重點，這是我深切要提醒大家注意的，雖然有人疾聲反對，我仍然甘冒激怒某些人的危險，提醒大家同聲說：「我喜歡自己。」你不能給人你所欠缺的，因此你必須先擁有之後，才有能力給予；你也不能給予人你所不愛的，你若憎惡自己又如何能奉獻自己？**你，必須先使自己變成一個美麗的、多感的、神奇的、特出的人，然後，你才有資格與人分享這些美好的特質**。想想看，若是我沒智慧，我只能教會你無知；如果我不曾歡笑，我只能教導你頹喪；我若是失去自由，也只能把你囿於樊籠。但是，相反的，我若擁有一切，就可以把它全奉獻給你。所以，我的擁有也因為要分享、給予而擁有。在給予之前，我得先擁有，先擁有一個世界上最美好、最完整的自己——利奧・巴士卡力。

做為一個最好的利奧，我才能愛那一個完整的你。我不愛玩那種牽著鼻子走的遊戲，我不要你緊緊追隨我不放，因為，你若跟著我，就失去了自己的方向。**你要走的方向，是自己的方向，這樣你不僅不會迷失，也不會失去那神奇特出的自己。**除了你自己，別人是感受不到你的寂寞、哀愁、快樂和歡喜的。我希望我們也能及早告訴孩子這一點——**每個人都擁有獨一無二的特性，否則將窮其一生浪費時間在追隨別人。**

我們每人有不同的世界來分享，這世界該是多麼絢麗多彩！

* * *

凡是研究知覺與感覺的人，大多明白每個人的看法和觀點是互異的，雖然是同一個世界、同一棵樹木，但是不同的人，往往有不同的說法與感受，這不是挺美的嗎？同一棵樹，我們可以分享兩種，甚至三種、百種不同的看法！

我常聽到有人說：「我能給予什麼呢？」把你手中那一片拼圖繪出來，除非你奉獻了責任，否則這全世界的大拼圖永遠因少了你的投入而無法完整。如果你不奉獻，我將永遠看不到你心中的樹，我們也和你一樣，仍然有失望和懊惱，因為你未曾真正

把你手中那一片拼圖繪出來，除非你奉獻了責任，否則這全世界的大拼圖永遠因少了你的投入而無法完整。

的與人分享，你的心靈也就達不到那一份豁然的境界。**你必須盡心力去織好那一塊織錦，不要失去這可貴的機會，為你自己，為那獨一無二精彩而神妙的你。**

下次你攬鏡自照時，好好看著自己，你會歡呼：「這真是獨一無二的我！」無人能取代你，無人能限制你，「你」——那一個人生發展的真正開始點。人生最可悲的事，無疑是未曾生活就已死亡，那些在床上掙扎大叫的垂死者，也是未曾真正生活過的人。我們也許觀察過人生，但是卻沒有盡力參與，我們只是人生的旁觀者，並沒有真正的活過，經歷過真正的人生，就不會對死畏懼。

當我們伸出手的同時，我們也冒了被摔回來的失望，但是，在五比五的對比中，我們也可能伸向別人，得到愛的反應。

我是一個狂人，我喜歡讓人也知道。我看到他們，我關懷他們，**這世界寂寞的人多，我們為什麼不把手伸出來，互**

相握著？

「早安！」我走在校園中，常對著人打招呼！而那些反應是奇怪的瞪眼或驚嚇，彷彿我侵犯了他們的隱私。有時，會丟回一句問話：「我認識你嗎？」雖然如此，但結果多半都是美好的，我因此結識了許多人。

絕大多數的人都將死亡視為畏途，我卻對死亡有種心平氣和的了解。我面對死亡，總感到一股極大的鼓勵——人生是有限的，我必須好好把握。死亡，是我們一生下來就存在的事實，它不曾躲著我們；真正閃躲、逃避的是我們自己，沒有人活在這世界上會長生不老，那麼為什麼要把責任、希望推諉到明天，甚至未來？

我的學生常常說：「等我離開了學校，我就有時間自由閱讀！」我總是警告他們：「你若現在不讀它，永遠也不會去讀它！」

不要等到明天！現在就是時候！你要愛一個人，你要爬一座山，你要讀一本書……，去向你的愛人表白你的摯愛之情，去攀爬那座吸引你的山，去讀、去看……，你等什麼呢？

去吧，去打電話告訴你親愛的人「你愛他」，去表達你內心的真情，告訴他：「我愛你，我愛你，我愛你……。」

記住！一切由你開始，你不先伸出你的手，如何握得到別人的手？你不說出來，別人怎麼會聽見？

記住！一切由你開始，你不先伸出你的手，如何握得到別人的手？你不說出來，別人怎麼會聽見？

＊　＊　＊

寬恕是除了愛之外，我們另一個可貴的賦予。我包容了你的缺陷，因為我也不是十全十美，我相信當大家成長為完美無缺時，我也必定毫無缺憾，所以我們是共同朝這方向努力的，**我們都有一些大大小小的不同和缺點，我們也互相包容著一些喜樂和挫折。**

你們都知道我對葉子的喜愛，秋天的落葉，是我神妙情懷的來處，所以每當秋天來時，我總愛傾聽落葉的千言萬語，讓它們停留，讓它在我的四周，把它放在書桌，停在客廳，任由它們在前庭後院飛舞。但是，我的鄰居都是整潔、愛乾淨的人，他們的院子乾乾淨淨。巴士卡力的院子亂七八糟，他們用機器，一口吸入落葉。我不忍卒睹那副慘狀，我的葉子是安全的躺在地上或舞在空中的。

有一天，我在家中舉辦一堂學生研討會，外面有人敲門，是我可愛的鄰居。

「利奧，我們知道你又旅行講學，又教課，沒有時間整理庭院，我們現在有一部機器可以為你吸葉子，要不要我們幫你清理？」

他們真是好鄰居，但是我不知道我的葉子干擾了他們些什麼？

「不用了，我沒想到我的葉子吵了你們，我現在就出去清理！」我和他們聊了一下，然後走回客廳，我的學生大叫：「你怎麼不對你的鄰居說：這是我的房子，我高興怎麼樣就怎麼樣……」

「別吵了！」我對學生說：「出來幫我撿葉子，把它們放在竹簍裡，搬到客廳來。」

「真的！」學生驚呼！以為我在開玩笑。

「真的。」我說。至少還沒人能阻止我該放什麼在客廳中。於是，我把片片落葉移到客廳中，我的鄰人快樂，我也快樂。

有時，我們總該放棄一些小小的要求，這樣反而得到更多的快樂。事情是可以變動的，人是活著的，鑽牛角尖，只有兩敗俱傷。你知道嗎？那些分手的情侶，或離婚的夫妻，往往只是為了一件小小的簡單事故。

下次當你感到生氣或懊惱時，不妨好好分析一下，其實只是一件可笑的小事，若你能冷靜的想一想，一定會哈哈大笑，不再斤斤計較了。

「我要離婚，因為她總是從中間擠牙膏，簡直使我無法忍受！」丈夫抱怨。

老天！非離婚不可嗎？買兩管牙膏不是更簡單，更皆大歡喜！

「他衣服老是到處亂放，我又不是他的佣人！」太太申訴。

你當然不是他的佣人，除非你自己要做佣人。你不願撿，就留在地上好了。「但是鄰居看到了怎麼辦？」那是他們的問題，如果他們看到了，「這是什麼？六件衣服在地上？……」他們問。

「哦！那是我丈夫的，這個寶貝，他就是喜歡把衣服到處亂放，我只好隨他去，看他早上找衣服才好玩。」

下次當你感到生氣或懊惱時，不妨好好分析一下，其實只是一件可笑的小事，若你能冷靜的想一想，一定會哈哈大笑，不再斤斤計較了。

我最感到擔心的是，我們的文化太缺少幽默感。**我們總是把事態看成過分嚴重，以致忘記了如何笑，如何處之泰然**。想想看，你們比我年輕，或與我同齡，你們曾笑過多少？我已好久不曾聽到笑聲！

這使我想起我母親，她那令人難忘和快樂的笑聲，有時會笑得差點滾在地上。她那圓圓胖胖的身體，加上聲如洪鐘、喜愛美食且快樂的天性，都是義大利人的特徵。我們常常與她笑成一團。其實我們每個人都有些瘋狂！那真是多麼令人忘我的快樂舒暢！**偶爾的頑皮，小小的淘氣，有時會使生活化暗為明，增加一些樂趣。試試看，你會喜歡的**。

* * *

最近我被邀請去威士康辛對上千個修女演講。我母親若在世，一定會欣喜讚歎：「哦！我的小菲力士（利奧的小名）對著上千個修女講話！」那真是一個可愛的週末，她們邀請我時曾對我說：「我們沒有任何金錢補助，但這是我們十年來首次歡聚，我們都由各處回『家』，也希望你來分享這份愛和歡樂！」

於是，我去了，那時正是秋天，秋天的威士康辛是迷人的，我愛秋天的落葉。於是她們收集了一袋袋的落葉讓我帶回家。我愛肥大的南瓜，她們把那南瓜送我。有一位修女，烘焙出世界上最美味的麵包，她送我兩大條麵包。在我離開前夕，她們又送我六磅乳酪。當時我搭乘的是夜航，除了空服員和我，幾乎沒有別的乘客。我，帶著南瓜、落葉、麵包和乳酪，上了飛機。

在「茶、咖啡與牛乳」的例行公事之後，機上的燈熄了，靜悄悄的，飛機在黑夜中航行，我突然有一股小小的衝動，把機上的扶手拉起，把中間的椅子放下，把麵包、乳酪加上南瓜和落葉。我要邀請所有的空服人員與我同樂，分享美味的麵包與乳酪。

我按下服務鈴，一位疲倦的女孩出現了，原本預期著要來提供服務，端上咖啡、茶或牛奶。而我說：「看！」

她彷彿看見聖誕樹般眼睛一亮：「我的天哪！」

我說：「我想要與大家分享這些東西。這些是別人跟我分享的，現在我想要跟你和所有空服員分享。」

「等一下。」她說著，隨後把大家都叫過來，還帶了兩瓶加州葡萄酒，倒在真正的玻璃杯，而非塑膠杯裡。

那真是一次難忘的航程，大家說好每年的秋天重聚。只因為我們曾經把一點小小

每個人都可以有這種神力，用你的神力，提升你的生活。不要壓抑，偶爾讓它舒放，也許這在你的一生中只有一次。告訴我你們的感受！

的世俗常態轉換成神奇，生活中就多了許多樂趣。

每個人都可以有這種神力，用你的神力，提升你的生活。不要壓抑，偶爾讓它舒放，也許這在你的一生中只有一次。告訴我你們的感受！

我們必須承認，承認全人類沒有好、壞、高、低之分，沒有人比我們好或不若我們強，我們有時會忘記這一點，所有的人類都是相同平等的同類。

最後，我要告訴你們一個故事。這個故事我說過很多次，仍不厭其煩，一說再說，因為對我的意義重大。

有一年，我被選為全美二十位教育家之一，去聖路易參加所謂「思想精英」會議。我們不斷的讀著報告，談著理論，就好像美國未來的教育全依靠這些人。我們的教育豈是如此簡易可成的？我終於忍不住離席而去，遠離那些空談和文獻。

我沿著河邊漫行，看到一個老者。以世俗的眼光判斷，他是又老又髒，啃著半片乳酪，喝著老酒，逍遙自在。我從他身旁走過，他卻叫住了我：「早安，孩子！」

我停下了腳步，任何叫我孩子的人，都令我感到親近。我坐下來，分享他的老酒和乳酪，以及他的人生哲學。我問他：「你看起來如此快樂、寧靜，可有什麼祕訣？」

他幾乎是不假思索的回答我：「我的確是又快樂、又寧靜、又知足的。」

「可以告訴我祕訣嗎？」

「當然可以，」他說：「你如果要活得快樂、平靜，永遠讓你的內心充實，口袋空虛。」

這是多麼富有智慧的話，可是沒人選他參加「思想精英」會議，大談未來的教育方針！

他們真該請他參加的。

這的確是上帝給予人類的禮物——人性素質和對萬物的神奇感受。你可以發展，你可以思索。**把這份無限無窮的素質發展出來，才是你對造物主賦予你這份禮物的回報。不要只因擁有這個人性的素質而自滿，把它發展出來，與人分享，你同樣也得到祝福與回報。**對這點，我有強烈的感受和信念。

7

給孩子最珍貴的傳家寶

我們要告訴孩子，他們可以選擇做為愛人者或失落者。

沒有了愛，也等於沒有了人生。

桑頓．懷爾德說：

「愛是通往生與死之間的橋梁，也是我們唯一活著的意義。」

我喜歡這個主題——明日的兒童。相信我們都有同感，把兒童年一拖再拖是一件不可思議的錯誤。其實每一年都是兒童年，我們再也不能拖下去，也許我們今天的開始，可以為孩子做出許多事。孩子急切的需要著我們，明日的兒童——愛人者或失落者，這個有關孩子的觀念，也正是我今天要在這裡和大家談談的主題。

英國著名的教育心理學家安東尼．史脫爾（Anthony Storr）在其名著《兒童世界》（*The World of Children*）中說：

我們都做過孩子，即使有些人忘了這點，但是，如果我們能回想起自己曾經有過的經驗：我們看到的第一棵樹、第一朵花，我們學到的有關火的燃燒。人生的學習過程是長遠的，我也希望我們仍然不斷的在學習著。其實只看到一棵樹並不夠，我們還要去摸它、聞它、爬它，我們還想去抱它、咀嚼它……

這些欲望和經驗，給予人生美好而奇妙的感受。這也正是安東尼．史脫爾所說的：

做小孩子真是可憐，隨便人家抱來抱去、愛理不理，吃飽或挨餓，整潔或邋遢全由不得自己；大人可以隨他們高興使孩子快樂或哭泣，這當然是令人深感不公平的事，卻有許多成年人一輩子也沒了解到這個事實。人生中最令人擔心的，無疑的是我們被當作一件東西，而不是一個「人」，被呼來喚去於一些權力和威力之間，就像我們是原子中的小分子。但是，即使如此，人與人之間也需要彼此的注意和關懷，而不是壓力和衝擊。一個人的價值被完全忽略了，有如僵化一樣，這是我們要極力去避免並且防止的行為。

我相信許多人在從事輔導的行業中都和我有同樣的感受，那就是去找尋自我，去為自己說話，去為自己而活。「我正在成長著」，在現實的世界中，一個真正的「我」不只是「我」，而是在不斷發展、蛻變的「我」，尚未出生成形的「我」。然而，有誰能教我們有關人生的種種？沒有學校可進，也沒有人能站起來直言：「我正在蛻變成長，我很可能還沒出生呢！人生是多麼美好，世界是多麼多彩。」這一切必須由每個人去追尋。

不知道你們有沒有看過俄國著名的小說家杜斯妥也夫斯基（Dostoyevsky）的《白

痴》（*The Idiot*）？那是我喜愛的小說之一，他敘述馬士金王子神聖而充滿罪惡的世界，好像每件美好的事一經他觸及全變成了壞事，而每當他狂癲病發時，他彷彿就增加了更多的內視力。杜斯妥也夫斯基的妙筆寫著：

突然間，在身心俱疲、失望頹喪的當兒，總好像有一絲光芒在腦中閃過。由於這個巨大的衝擊，把他的生命力提升到最大的極限，使身心完全沐浴在一片異常的光亮中，使所有的不安、懷疑和困擾都在瞬息間解除。這一瞬息的光明也是一切融會貫通的前奏曲。

在小說的末節寫著，每當他病發時，他內心的衝擊就閃出了亮光，他大聲疾呼：「老天，為什麼我們不告訴孩子？」

我再三呼應他的話：「為什麼我們不告訴孩子？」我們可以告訴孩子，生命中有許多美好的事情，我們也可以有所選擇。我們可以是一個有情感、有愛心的人，我們並非是注定要失敗的。我不知道你們是否和我一樣感到害怕？當我得悉全美每年有兩萬六千個自殺案件，而根據最新的消息，每年的犯罪率也增加了百分之七；還有離婚率，

我們可以告訴孩子，生命中有許多美好的事情，我們也可以有所選擇。我們可以是一個有情感、有愛心的人，我們並非是注定要失敗的。

在加州幾乎每兩對已婚夫婦中，就有一對離婚，那些在一起生活二十年、三十年、甚至五十年的人都到哪兒去了？到底問題的癥結在哪裡？因為我們被關在花房中，失去了生活的能力？還是因為我們被教育成生活的叛徒？

我們因為怕痛，所以吃止痛藥；怕面對現實，所以喝酒忘憂；我們怕生，更怕死；我們不滿過去，更不滿現狀；我們責怪別人，也懷疑別人；我們忘了如何去聽自己的心聲，去面對目前存在著的生活。我要說的也即是我們一向忽略了孩子，我們總是讓孩子相信人生美如玫瑰花園，等到他們真正面對人生、面對死亡時，該是多麼失望！**與其讓孩子假想我們是十全十美的人，不如讓他們了解真正的人性、真正的人生。其實，有什麼好隱瞞的呢？從自身中去了解人性，從「人」中去認識「人類」，是最正確不過的觀念了。**

在我們告訴孩子真實的人生之前，我們得學會如何與他們交談。我願意寫一本談論「如何與孩子交談」的書，因為每次我看到成人與孩子之間的談話，總是大人「對」小孩說話，或是逗弄，很少真正的「交談」。**在我們與孩子交談之前，必須先學會彎下腰，蹲下來與他們面對面交談，我們必須走入他們的世界**，而且不要再「告訴」他們我們自己的事；聽聽他們的心聲，他們的感受，他們的所見所聞，說不定你會發現，他們教會了你許多事，而那些你曾經有過，卻遺忘了的美好回憶，也會重新浮現。

我個人非常喜愛有關教導孩子的一段話，在此與大家分享：

孩子有權接受健康的教育。父母與師長所傳遞給孩子的一切言行，對他們的影響重大，更深遠而言，有可能影響他們成長的方向。父母或老師的批評鼓勵，會在孩子心中埋下他日後自尊與自愛的種子；而羞辱、指責、謾罵、矮化等負面言詞，都會烙印在小小心靈上，造成傷害。健康正面的鼓勵，有賴於成熟的內心，經由真誠的傳遞教學，才是最好的學習。

什麼是孩子最需要知道的？**首先我們必須儘早讓孩子知道，他們擁有令人驚奇的想像力金礦，這一座金礦完全是孩子自己的，沒有人能拿走。**我相信很多人都忘了這點。

我猜想我們的社會比較重視模型，把一切塑入模子，然後定型，總是比較容易而穩當。但是，你千萬別被定型。看看孩子的臉，我從未見過兩張完全類似的臉，而且，我深愛這種不同，我喜歡去想他們是兩個不同的個體，從來不會在歷史中重複，想到此，就會有一種驕傲。

這種深切的意義，使人想到這些獨特存在的個體會是無意義的嗎？他們的存在難道是一文不值的嗎？我總是想到，整個世界就有如一塊織錦，每一個人有責任去織好那小小的面積，如果我們不去盡力織好自己的小部位，整塊織錦永遠不能達到完美的境界，也將永遠缺少極完美的我們。我不要你們學我，一個「我」就夠了，我也不要你們像追隨古魯（Guru，印度教的精神領袖）一樣跟隨我。因為如此「跟隨」，會使你失去自己而成為別人。

我要強調的是，跟隨「你自己」，因為唯有這樣你才會找到自己的中心、自己的基本。我也有自己的中心，有一天，我們會殊途同歸，互通聲氣，而不會形同陌路，變成敵人，我們會彼此了解而相輔相成。

因此，我們必須教會孩子，他們是獨立的個體。我們要告訴他們，全世界中，他們將會使自己成為最完整的自己。

跟隨「你自己」，因為唯有這樣你才會找到自己的中心、自己的基本。我也有自己的中心，有一天，我們會殊途同歸，互通聲氣，而不會形同陌路，變成敵人，我們會彼此了解而相輔相成。

這當然不是一件容易做到的事，因為我們從未敢相信自己會做到，也未曾有人能預見或接觸這個未來的自己，只有在不斷的成長、前進中才能觸及。但是，我們必須讓孩子了解這種獨一無二的潛能，不論在何時何地，要不斷的挖掘、深入，因為他們有如一座寶藏，在人生的旅程中，他們只顯露了一小部分，從這一個小小的開始，不斷的挖掘，才能發現那奇妙無比的「你自己」。

我到最近才領悟這個道理。

許多年前，有人告訴我：「我的家有好多房間。」我卻只有一間起居室，我習慣於在那兒招待朋友，做好多事情，我布置得很好，也打掃得窗明几淨。我進進出出且生活於斯，直到有一天才恍然大悟，在這間起居室中，曾有過多少雙手幫助我布置而成；我也發現這個房間還有許多門，一扇引我走向音樂，一扇帶我進入圖畫，另一扇通到關愛，還有走向美及歡愉……，我有了許多房間、許多扇門，而且永無止境。我們可以繼續發現，不斷追尋下去，直到永遠、永遠……

你們猜我最大的感動是什麼？**我們是唯一能思考的生物。我們能運用象徵的符號去推理、思想，我們也能分析、夢想，並且創造我們的心靈——這一切，構成了人類，構成了我們無盡的感受和探討世界的神力。**

如果我能許一個願，這個唯一的心願將是使你「給」回「你」自己。不是自大的你，而是開放的、美好的、有著好奇心和創造力的你。不是把你藏起來，而是使「你」能活在人群裡。

只有「你」，才能給別人你自己。如果你未曾受教育，就為自己的無知找尋智慧的補給；如果你是拘謹、封閉的，你就得為自己的偏見找尋自我的拓展和關懷。這一切，全在於你自己。我為自己充實、努力的同時，我也給予你我的獲得。因為我對自己的愛，使我深入了愛的泉源，使我獲得更多愛的力量去愛你，我們必須及早告訴孩子這種愛的深義和期許。

我們也要告訴孩子，別人的存在。雖然有人以為這是不可能的，但是地球上不管多遙遠偏僻，沒有到不了的地方，即使是喀什米爾（Kashmir，印度北邊之邊界），二十三小時內也可抵達。全人類成了鄰居，天涯共比鄰的親近，讓人覺得真是美妙愉悅。

最近在中西部大學中，有一批社會系的學生做了一個有關「分享」與「施捨」的實驗。每個人要拿出十分錢，他們說：「在印度，有很多人正忍受饑餓之苦，你若覺得他們的確有待救濟，請把十分錢放入信封中並寫上『印度』。在國內的貧民地區，也有些人急需幫助，如果你覺得有必要幫助他們，請把十分錢放入信封，並寫下『濟貧』。另外，我們學校中因為經費短缺，無法購買影印機讓大家影印資料，若你覺得有此需要，請把十分錢放入信封，並寫上『影印機』。結果，有百分之八十的錢放入購買影印機的信封中！」

我們不再關心！我們把自己束縛在小小的圈子裡。「真的啊！我是想到許多事應該要關心，但我自己的事都忙不完了，實在無能為力啊！」但是在日升日落之中，我們能逃避得了與人相處的生活嗎？你的上司罵了你，你回家就訓老婆（或丈夫），然後你太太把氣發在孩子身上，孩子遷怒於在地毯上拉屎的狗……這一切，是怎麼開始的？

我們真的得再回到彼此關懷、饒恕的境界：要獲得之前，必須先有施捨；互信、互敬和相愛，才能有和樂的人群。

你想知道你是誰嗎？看看周圍的人，誰會指出你鼻頭上的汙點？除了愛護你的人，其他人都讓你留著汙點到處走動，只有真正關心你的人，才會拉住你，說：「親愛

我們真的得再回到彼此關懷、饒恕的境界：要獲得之前，必須先有施捨；互信、互敬和相愛，才能有和樂的人群。

的，你的鼻頭上有汙點！」

因此，我再三強調，不要對孩子掩飾，你愛他們，告訴他們人生的真相，告訴他們生與死。沒有人會長生不老，如果我們好好生活，又為什麼要畏懼死亡？不論你曾經富有、榮耀或享有多種學位、頭銜，終究要面對死亡，除非你不曾好好活過，否則為何要對死亡痛哭流涕？朋友生前，我們相待以誠；朋友死後，我們祈其平安，何必呼天喚地：「你別走啊！」老天，讓死者有些莊嚴吧！不要讓他們死了還覺罪過，因為你不讓他死啊！

死亡教會我們許多事，使我們領悟到「活著」的重要及「現在」的可貴。人生沒有永遠不散的筵席，人生也沒有固定的據點，讓明天告訴我們新的故事，不要讓欲望吞噬我們的生趣。**告訴你愛的人，你愛他們；告訴孩子，人有生死，告訴他們把握現在，面對生活。**

最後一點，我要與孩子分享的是，人生並非全是悲慘

或不幸，也不若頭條新聞報導那樣令人絕望和氣餒。我們生活中有許多歡悅、神妙和好玩的事，只是不常被人提及。但是，**我們得讓孩子體會生活中這許多美妙的事**。為此，我們必須放懷生活，千篇一律的生活使人乏味，快樂、歡笑來自於生活中小小的發現和驚喜。

你若是一成不變的人，別怪人家嫌你言語無味。生活方式是你自己選擇的，你也可以使自己自由自在、無拘無束；你可以豁達開朗、充滿創意；你也可以選擇冷漠或呆板，單調或狹隘，你現在就可以決定——你自己決定。

我最喜歡的事就是把許多事串連起來，欣賞每一個不同的個體和貢獻。這裡有段紐約教育局莫飛先生寫的關於「孩子如何學習」的文字：

在蹣跚學步中，孩子學會了走路；在東張西望中，他們學會了習慣與態度；在跌跌撞撞中，他們有了自己的世界。孩子們的學習來自於愉悅，而不是強硬；來自於經驗和關懷，而不是教訓和責罵；來自於引導，而不是指示。有愛、有耐心和因了解的學習，有動手、動腦的參與，點點滴滴的潛移默化，包含著你的信賴和夢想，變成了那一個成長中的孩子……

我愛極了這段文字。

我們要告訴孩子，他們可以選擇做為愛人者或失落者。沒有了愛，也等於沒有了人生。

桑頓・懷爾德說：「愛是通往生與死之間的橋梁，也是我們唯一活著的意義。」

讓我們告訴孩子這些真諦！

8

享受親密關係的快樂與痛苦

當我們相愛時，

我們就像是彼此的鏡子，反映著對方，

並且看到無限無盡的空間和未來！

我真正覺得，在世界上，只要有一個人，不管男人或女人，我們可以無拘無束的坦誠相見、肝膽相照，我們就不會被寂寞困死。我是說，只要有一個人，不是百人或千人，我們可以毫不掩飾、不隱瞞的走向他，告訴他你的挫折、你的苦惱、你的感受，而他能夠接納你、了解你，並安慰你：「沒關係，一切都會過去的！」這樣的知己，你可曾擁有？

我問過我的學生，不用回答我，只要想一想你的家人、丈夫、妻子、鄰居、朋友之中，可曾有你完全能信賴、傾訴的人？有沒有你真正的知己？

確實很少有真正的知己，這使我感到憂心忡忡。我們可以找到知己，可以享受親密的快樂，為什麼遲疑呢？

讓我告訴你一些使人們怯步不前，寧可與人隔閡而不願太過親近的原因：

「我不恐懼與人親近，我擔心的是太接近之後所受的傷害。」

「我無法忍受與同一個人相處的單調，我一和他熟識之後，新鮮感就消失了，也就沒什麼令人興奮的快感。」

「人並不需要親近的感情，只要有肌膚之親就好。」

「我擔心別人看穿我。他們一旦看穿我，我會受不了的。」

「我不認為知己關係是必要的。人與人之間是如此的不同，如何能有親近的感情存在？」

「親密的感情常使我失去安全感。與人愈親近，愈使我失去信心，而且產生嫉妒感或占有欲，所以我寧可淺交即止，不要太投入感情，以免受傷。」

「每個人都有不同的需求，要去滿足別人的需求，只會給自己增加麻煩，何苦如此呢？」

的確，這些現象與批評，都是人之常情，可以理解。愛之深，責之切，投入了感情，也付出了真心，彼此的依恃和投入也更深切，有時不免會有牽掛及要求。但是，若少了如此親近、貼心的知己，寂寞和徬徨也同時存在，這也是不爭的事實。兩者之間，全由你自己選擇。

現代社會，往往忽略了深交、親近的情感生活。在南加州，每三對夫妻，甚至兩對夫妻中，就有一對離婚。老天，這是怎麼回事？好合好散，來去自由，那熾熱的感情只維持兩、三個月；當彼此了解、熟識之後，一旦現實生活中的粗糙和真實帶來些許的困擾和問題，沒有人有耐心去面對、去解決，最簡單的方法是拂袖而去，不帶走些許的感傷和依戀，因為那是不合時代潮流的。

甚至有些專家學者寫書立著——《一切都是你的自由》（*Feel Free*）成了暢銷書，作者還是心理學家呢！他在書中鼓勵讀者：「若是對兩人關係感到單調、呆滯，搬出去，不用感到內疚或罪過，因為這種關係是無法持久的。」想想看，若是兩人有了爭執，誰又會用心謀求解決之道？「算了吧！我才懶得去操這個心，再找一個不是更容易！」往往使人放棄了執著與努力。

現代社會，人可以繞地球一周，可以征服太空，登陸月球，卻沒有人設計出一個方法，可以使兩人和平共處七天七夜，而不向彼此叫囂對罵。他們說，知心親密的關係已經不合時宜。但是，我卻要強調，知心親密的關係是絕對重要的，否則我們皆將失落、徬徨而終。

我相信每個人都有足夠的智慧，去維繫有意義而持久的感情生活，不是多與少的感情關係，而是在情感的品質上，超越了廣交泛愛、只重量不重質的水平之上，並且建立健康而永久的關係。

在人際交往中，是有不同的水平層次之別的。譬如說，我還是學生時，那些高高

我相信每個人都有足夠的智慧，去維繫有意義而持久的感情生活，不是多與少的感情關係，而是在情感的品質上，超越了廣交泛愛、只重量不重質的水平之上，並且建立健康而永久的關係。

在上的專家、教授，他們不曾拉下眼皮看你，即使你有問題走向他們，他們也是吼著：「不要吵我！」他們站在窗前，視若無睹，茫無目的。這是一層。

再上一層，是形式的交往。「嗨！瑪琍，你好嗎？」你走在街上，向她打招呼。「好啊！」她機械式的客套回答，你也不在乎她真正好不好。

或者你問：「喂！老王，你好嗎？」若對方回答：「我的腰疼可把我折磨死了。」你也不想多聽。

與其說這些形式的廢話，不如改成：「喂！瑪琍！」不要問好不好，若是你真關心，坐下來，好好聽對方傾訴，好好在爐邊或燈下看著對方的眼神，不是美多了！

再上一層的關係是「雞尾酒會式的對話」，那也是奇特的對白。大家說一些無關痛癢、安全而不傷神的話。沒有人在雞尾酒會上談政治、辯宗教或訴病痛，若是你問：「上帝死了嗎？」我擔保沒人回答。

再上一層，是所謂「遊戲人間」或「敷衍了事」。例如說，你丈夫很久不曾關心你，或者同樣的，你太太很久不理你，因此，有一天你問對方：「親愛的，到底怎麼回事？」

「沒事啊！」

「可是你不大理我，一定有什麼事困擾著你？」你又問。

「真的沒事……」他說。

「但是，你總要談談吧！或想個辦法解決……」

「跟你說沒事……」同樣的回答。

「一定有事，你那麼神不守舍！」

「沒事！」「沒事！」「沒事！」——遊戲就這樣持續著，但問題並沒有解決。

再高一層的關係，是彼此可以溝通、交流，也是我今天要談的人際關係。**真正的親近關係，在付出與接受之間，不帶著絲毫利用或欺騙，「我要愛你、了解你、親近你，與你一起哭、一起笑、一起歌、一起舞、一起成長」**。當然，這一切，就是我所強調的，都必須由你用心、用情、用全副精力去追求。

去追求親密的關係或知己的情感，的確是費時而費心的，有時還會帶給你痛苦和挫折，但這也是唯一的，你可以自省、自進並增進親密關係的途徑。在我的《愛》這本書中，我曾說過：

當我們相愛時，我們就像是彼此的鏡子，反映著對方，並且看到無限無盡的空間和未來！

我如果要了解自己，不是把自己獨守孤立，而是從別人的反應中看到自己。若是人人都對我拂袖不理，我就該好好檢討自己了。

人，總是嚴以責人，寬以待己，有多少人不是總愛怨天尤人嗎？但是，若人人皆棄你而去，眾叛親離，連上帝也不垂顧，這個人就必須好好自悔、自省了。所以，**反映自己最好的方法，不是顧影自憐，而是觀察別人對你的反應**。

說到關懷之道，我認為承諾帶來的歸屬感非常重要。這是與寂寞對抗的美好感受。當你從外面回家，總有人等著你、迎接你，你忙碌了一天，但是知道為誰而忙、而累。日復一日，年復一年，你為家付出心力，你也從家中得到慰藉。

與親密關係有關的另一件事是，它會擴展我們的世界。希望我手邊有一塊畫板，

這個「我」和「你」於是相聚在一起，變成了「我們」；「我們」一起成長、一起生活，我沒有失去自我，你也保持本質，但是「我們」發展成一條寬闊的韌帶，連起了你、我，拓展了我們的世界。

可以把這種美好關係呈現在大家眼前。瞧！這個「我」，遇到了「你」，我們相互吸引，共同分享；這個「我」和「你」於是相聚在一起，變成了「我們」；「我們」一起成長、一起生活，我沒有失去自我，你也保持本質，但是「我們」發展成一條寬闊的韌帶，連起了你、我，拓展了我們的世界。

不要失去自我。你一旦放棄自我，就再也找不回來。保持你自己的本質，就如別人也不曾放棄他的特性一樣。

從「我們」，擴展成「你們」、「他們」，在「我」和「你」的長進中，「我們」的世界也增大變廣。從這個世界中，我們仍然在一起，不斷成長茁壯，**即使不幸失去了「我們」，你仍然保持了自己，你不曾迷失，也不會縮小，因為你保有了那些愛的回憶和成長的痕跡**。

在我教書的大學中，有許多妻子努力工作來供給丈夫完成學業。我並不常給她們忠告，但我總是對她們說，給自己成長的機會，不要整天守著打字機、單調的辦公室就自滿自足。當你千篇一律、單調重複的敲打著字鍵，你的丈夫正在研究所中，努力思考，心智上的千錘百鍊，激勵了思想上的火花碩果。

你必須保持不斷的成長。日復一日，你若不在心靈上注入心血，長出新知，如何能給予別人若朝陽般新鮮的你？**你若能日新月異，不斷成長，就不會有冗長、沉悶的片刻。這個世界是任你載歌載舞，追尋不盡的。撥出時間給自己，保持你對生活的好奇與樂趣，而不是乏味與狹窄。**

的確，**志同道合使人相近，但是不斷成長才能使彼此相聚不離**。思考的激勵，身心的奮發，彼此理念的交換與共享，互相心智的發展與切磋，都是智慧之泉。相親相愛，且試著去做智者，不要自限，做一個了無生趣的旁觀者。

另一個妨礙親密關係的因素是一成不變。刻板的生活容易使人失去活力及創造力，人都是傾向懶惰不變的，在動靜之間，寧可不變，但是在你以不變應萬變的同時，別人都在日新月異中長進，他們可不像你所期待一般絲毫未曾改變。

期待，也是親密關係的阻礙，你不能總是期待別人如你想像一般的理想，完全合乎你的心意；如果別人不合你期待，沒有如你心意，你就生氣、懊惱，這是多麼幼稚。

期待，是累人的累贅，我們應該迎接每一個驚奇和新奇，而不是守株待兔的等待。

有人記得你的生日，你就歡欣雀躍；忘記了你的生日，你就垂頭喪氣，有如世界末日。你真該笑自己的傻氣，如果別人忘了你的生日，學習一點豁達的態度：「他竟然忘了我的生日，這老伴。好吧！我給自己買件禮物，還可以選到自己真正想要的東西呢！」

期待，是累人的累贅，我們應該迎接每一個驚奇和新奇，而不是守株待兔的等待。今天的我和昨天的我已經不同，你怎能期待我重複昨天的老話？學生有時會舉手發問：「你上週不是這麼說的！」是的，比起上週我又多學了一些，又注入了一些新知，我不能一成不變的啃著我的老教材呀！

不要等待別人來傳達你的感受、了解你的情緒，你不表達，別人如何猜得到？你想哭就流淚，想笑就笑。我覺得破壞親密關係的因素之一，也是由於一般人不善表達自己的感受，不能直接、坦然的表現自我的感情。

我一向勸人不要有短暫的爭執，要爭、要辯，絕對要徹底、完整，這樣才能水落石出，找出問題的癥結和解決之道。否則半途而廢，絕裾而去，彼此都如陷入五里霧中。所以下次有了辯論或爭吵，不要讓對方走開，捉住他，把事情理出頭緒，到頭來，往往發現，爭執是一件又小又可笑的事件！

今日的社會，家庭分裂、婚姻破碎、自殺率加倍、人際關係淡薄，知己的關係、親密的伴侶，都不是垂手可得。親密的知己是人際關係成熟的挑戰，也是我們最大的希望。

如果我們需要彼此的關懷，我們現在就需要，不要等到明天或將來。

讓我們現在就建立相親相愛的親密關係。

9

選擇 你的人生

我們必須對自己的生命負起責任，

然後才能選擇自己的人生。

古諺云：「有了生命，就有希望。」我也深切感到我們所擁有的最大財富，就是生命。如果我們能掌握生命，創造自己的人生，生命也就不如想像中那麼困難。然而，仍然有許多人不去選擇自己的人生，而完全放棄希望。

不久前，我有個學生非常失望、悲觀的對我說：「你說人生可以有所選擇，我才不信，我可沒這個自由。是別人要生下我，要我來到這個世界，如果我不想活，我對生命又有什麼責任？我何必去選擇人生？」

每年，成千上萬的人進入精神病院，把生命交給醫生，把希望寄託在心理治療專家身上，他們對著醫護人員說：「你們為我活著吧！」他們放棄了希望，而不再全心全意充實這造物者給予的禮物——生命。

不知你們可曾注意到那不斷發生的現象？那些被父母虐待的孩子。在洛杉磯曾有一個小女孩幾乎被父母打瞎了眼睛。同樣的，也有被兒女悖逆欺凌的年邁父母。在一項訪問中指出，六十五歲以上的人，只有百分之二十承認他們是快樂的，其他人皆說自己是犧牲者。這難道是我們將面對的人生？我們都終將成為生命的祭品？打開報紙、電視，到處有人討論失望、悲愁與苦難，彷彿生命已到了盡頭。

拋開報紙與電視，生命並不是如其形容的無望。字典上，對生命的注解是：「生

生命有如一鍋冒著煙的蒸氣，你若是選擇了蓋住蒸氣，讓恐懼、愁煩、寂寞藏在心底，而不曾真正的參與，也就不曾真正活過。

命是充滿活力和機能的。」另一解釋是：「生命是靈活有用的過程。」所謂靈活有用的期間，相對的就是死亡與放棄。第三個解釋是深合吾意的：「生命是持續不斷，讓人經歷的。」的確，能經歷生命，才能持續生命活力，然而卻有不少人，把生命交付在別人手中，任人擺布；若是如此，如何能真正體會生活？**我們必須對自己的生命負起責任，然後才能選擇自己的人生**。

也許有許多人，因為害怕面對生命，所以對人生懷著畏懼。我們怕說錯話，所以不敢說真話；怕表錯情，所以不敢露真情；怕心靈受挫，所以不敢用真心去感覺。因此，也等於我們不曾活著。**生命的真實意義是要你完全的體會和品嘗，沒有投入，又如何嘗得到生命的甘露？**

生命有如一鍋冒著煙的蒸氣，你若是選擇了蓋住蒸氣，讓恐懼、愁煩、寂寞藏在心底，而不曾真正的參與，也就不曾真正活過；而煙消氣散之後，也就鍋冷灶涼，了無生趣。

若是你覺得有某種東西，在心底爬行，急於冒出，你打開鍋蓋，讓生命充塞其間，讓你投身參與，你就免去了蒸鍋冷卻或抑壓過久而爆炸的危險。生命有如許的選擇，一切在於你，多麼美妙！但是，你得自己去選擇。

有人問我：「生命是如此美妙，我們為什麼還免不了愁苦、憂煩的困擾呢？小孩受苦，大人受罪，謀殺、強姦，這一切到底是為什麼？」

「我也不知道為什麼呀！先聖賢哲早就問過同樣的問題，他們也得不到解答。」但是你知道我如何面對這些問題？我根本不再去多問這些問題，我面對生活，從生活中去尋求答案，那使許多事實有了改觀。

為什麼生？為什麼死？為什麼痛苦？我希望這些都能有解答，但若是我窮一生之力去找尋解答，又怎麼會有時間好好在當下生活？

當然，我也告訴他們些許我所知曉的人生，除了生、老、病、死，也有歡愉和快樂，我感覺過，也經歷過；我有過目迷神馳，也享受過愛和被愛，有過狂歡和激情，這些美妙的感受，你都可以給予自己，也可以為自己創造如此境界，這全在於你的選擇。

做為一位教育工作者，我可以肯定的告訴你們，許多事是可以學得的，也可以再學或拒絕學習。所以只要你願意，你可以予取予求，你可以創造自己的世界。你可以把自己弄得灰頭土臉，也可以使自己心曠神怡；你可以努力工作，接受些許挫折挑戰，也可以遊手好閒，讓別人為你安排，因為這些並不是自然而生的，而是全在於你的選擇與爭取。它們全等著你。

我總喜歡把人生想像成一盒繫著彩帶、包裝精美的禮物，當我們出生時，它呈現在我們眼前。然而，有些人甚至懶得打開這盒禮物，也有些人只欣賞到禮物中包裝炫目的外表，他們看不到盒中也有痛苦、寂寞和快樂。我總是喜歡一件件的挖掘，探視盒中的每一件東西，這巨大的人生寶盒中，有小小的盒子，裝著痛苦，另一個盒子存在著寂寞；我打開之後，也了解痛苦和寂寞的滋味。若是有人向我談起，我也會產生同感，於是我可以牽著他的手，告訴他我也經歷同樣的感受。我要經歷人生的每樣事實，我也要發掘一切的歡欣雀喜。

我能做到的事，你們當然也可以，甚至做得比我好，我既不是超人，也不是巨神，我擁有的，你必然也不缺少。若是你抱怨說你沒有，那是因為你不曾努力去爭取、去找尋。

我們都可以把失望化為希望，把單調變為神奇，我們可以拭乾淚水，用微笑代替，這是生命的神力，我們都具有的素質。

我們生存在兩股巨大的衝力之下——外在與內在的力量。對於外在的衝擊，像地震、颱風、水災與車禍，我們無能為力；但是內在的衝力，雖也影響我們至極，我們卻可以駕御或控制。信不信由你，多年前，洛杉磯有一場大地震，我聽到巨響，在天微明中，我從臥室中逃出，和大家一樣，我不願死得這麼早。站在屋外，我看到客廳倒塌，我的房子夷平，那些美麗的收藏及值錢的物品，全化為烏有。

我坐在後院，出奇的冷靜。地震仍然持續著，只是微小了許多，屋瓦砂礫，在空中飛揚，我的鄰居大聲呼叫著：「利奧，你的房子！」

「是啊！我的房子不對勁了，但是仍有震動，我也不能進去看！」我回答著，我們相視大笑。

我的鄰居有煤氣可以煮咖啡。我們就坐在後院，看著日出，輕啜著咖啡，等待地震平息，除此之外，我們能做什麼呢？嘶聲狂叫、傷痛欲絕當然也可以，但是我也可以平撫我的心神，坦然接受眼前的事實。

所以對於外來的衝擊，我們是可以坦然接受的。災難已經降臨，你再用愁苦來困擾自己，於事何補？你真的是可以用歡欣取代失望的，不信，你下次試試看！

曾經有人問我，你什麼時候開始熱愛生命？我真的無從回答。也許我一生下來就

你要擁抱自己、選擇自己，不要再自怨自艾。我們都想選擇與平和、愉悅同在，而不是愁苦與絕望，人人都可以有選擇的。

有這種感情，也許來自於我的父母。我的父親也是一個樂善好施的人，他一生缺錢，但他沒有缺過笑聲；母親是一個樂天者，永遠笑臉迎人，而且愛大聲歡笑，即使在父親失業、潦倒時，她也可以燒出一桌美味的盛筵來取悅我們，我真希望他們仍在世，可以與我分享。但是父親於五年前去世，那是我最難忍的時刻，我記得從葬禮回來時，幾乎傷痛欲絕。當我走進屋子，看到門口有一大盆花和一盤大大的巧克力蛋糕，原來是朋友送來的，上面夾著一張卡片：「利奧，我只是提醒你，世界上還有許許多多美好的事和美味的食物。」是的，我不能使父親長生不死，但是內在的精神力量使我平息傷痛，「是的，一切仍會過去，我們都要認真的活下去！」

當你能面對自己的軟弱時，你就克服了這個弱點，它們並不如你想像那麼巨大，它們是你的一部分。你要擁抱自己、選擇自己，不要再自怨自艾。我們都想選擇與平和、愉悅同在，而不是愁苦與絕望，人人都可以有選擇的。

保持你的自尊和正直，沒有人能拿走它們，除非你自己放棄。而若是你自己放棄，你也將一無所存！

每一個人都有不同的背景，你們分別來自不同的家庭及身世，有些人有慈愛的父母，有些人正忍受破裂的家庭；有些人身世不明，有些人有顯赫的家世。我們同時也有不同的心態，有人心存歡悅，有人憂心忡忡，有人正被煩惱困惑，有人卻憧憬美麗遠景。這些不同的、美好的感受，擁抱著每一個人，成了你們的一部分。

但是，奇妙的是，我們聚在一起，讓這些震幅、這些感受存在你我之間，不要問為什麼？為什麼你和我不同，為什麼你不愛我？為什麼……？我們有不同的身世，也有不同的心態，但是我們能彼此包容、互相諒解。你寬恕了對你不友善的人，試著諒解，並學著說：「沒關係。」否則，你背負著這些怨氣，這些氣憤，它們會把你壓垮、整慘。

如果你懂得寬恕，學會體諒，你就可以把那股克制自己生氣、發愁的精力，轉移用在自我成長及充實自己上。我們必須學會包容和體諒，因為人是不同的，有不同的身世和心態，也有不同的行為和情緒，我們都要互相接受不同震幅的波動和共鳴。

是的，我們每個人都有不同的過去，也有未來，但是，對過去，我們無能為力，我們能依靠過去生活嗎？至於未來，誰能說得準？除了保險公司靠此發財之外。只有現在，我們活著的現在，是真正能把握的。你能做任何決定，進行各種計畫，從現在開始，不是過去，也不必等到未來。

也許你會覺得這未免太天真，如果我說：「我要去找愛的真義。」「我要去體會熱愛人生的感覺！」就是今晚，我一走出教堂，就去做，我再也不消極，再也不說一些頹喪的話。試試看，從現在開始，三、四週之後，你會發現有了不同的面目。

你有過去，也有未來，但是真正要去獻身爭取的是此刻，就是現在，你現在就可選擇自己的人生，因為我們的潛力，尚有待自己去發揮；我們若不能拋棄自暴自棄、自卑渺小的否定感，如何能把不可能變成可能？如何能把失望轉為希望？你得對自己負責，若是自甘放棄，忍受不如他人的自慚形穢，那是你自己選擇的，可不能怪別人。

選擇人生，也必須有選擇改變和冒險的勇氣。我厭倦了「我」、「你」這種界限分明的個別主義，我希望改變成「我們」——你、我所合成的「我們」，但是為了「我們」，我必須放棄一些小小的自我，你也要讓出一些堅持，然後，才能擴大成「我們」的大世界。

誰能預測死亡的叩訪，它要來就來了，若是你能把握每一分活著的時刻，又何懼於死亡的來臨？

我們要改變、要包容、要關懷。想想看，人生有什麼比愛更重要？我們受苦、受難、工作、奮鬥，一切不都是為了愛、為了關懷？

梵谷說：「熱愛生命最好的方法是去熱愛許多事物。」千真萬確，與其天天嚷著「我討厭這個」、「我煩死那個人」、「我恨死這些事情」，不如說「我愛孩子」、「我愛花」、「我愛你」……。你會感到，自己原來也是一個富有愛心和情意的人。

除此，死亡也是我們要面對的人生之一，不僅是愛、是關懷。有了死亡的挑戰，我們才懂得珍惜這有涯的生命。誰能預測死亡的叩訪，它要來就來了，若是你能把握每一分活著的時刻，又何懼於死亡的來臨？

因為生命有限，我們才會積極把握；你知道沒有人能長生不死，才會及時表達情意，因為你不願錯過機會。你會拿起話筒，告訴遠方的母親：「您知道，我們雖然常常爭吵，但我是愛您的。」你也會讚美你的朋友或鄰居：「你實在了不起！」

打開你人生的寶盒，去發掘每一件屬於你的禮物。雖然，有許多事，我們不懂；有許多人生的疑問，我們無從解答。但是懂或不懂，解答與否，並不重要，重要的是我們經歷了生活，掌握了生命，我們選擇了自己的人生。

最後，讓我摘錄瓊・艾特瓦特（Joan Atwater）的著作《簡樸的生活》（*The Simple Life*）中一段話來做為結束：

> 我們生活中常常有過重的負荷和煩惱，也時時有可怕的衝擊，這些事常常困擾我們，而使我們對世界失望，對人生無可奈何。但是，我們也是日復一日、年復一年的在尋求更簡樸、更有意義的生活。
>
> 所以，我們如何面對自己的生活，自己的人生，是極端重要的。只有我們自己能把生活化繁為簡、化悲為喜、化陰暗為明朗，若是我們有足夠的意願去面對生活，我們自然能學著去活在這種境界、這種人生裡。

無庸置疑的，我們可以一起朝這個方向努力，我們可以一起工作，一起學習，但是，別忘了，每個人都該掌握自己的生命、個別的人生，因為那是完完全全屬於你的，不是任何人能取代或攫取的。

選擇你的人生，從現在就開始。

10

引領孩子
自由創造人生

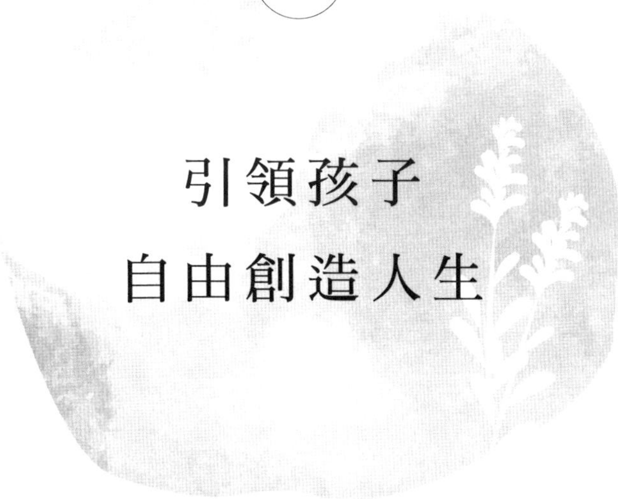

要讓孩子學會及早發現真正的自我。
「自我」不是別人加諸於你的形象和頭銜，
而是真正的你——
只有你自己才能肯定、能發掘的你。

我要告訴你們一件有趣的事。你們都知道情人節吧！每年的這一天，我就成了英雄人物，因為人人要表達愛。我不反對做為一個愛的提倡者，因為至少一年一次，有人想起我，雜誌請我寫文章，電台、電視爭相邀我演講。但是，我也感到些許的遺憾，我們竟然要訂一個日子來提醒大家，這是情人節、這是母親節、這是父親節……，其實，每天都該是父親節、母親節、情人節、祖母節……才對。

我為了買卡片送給祕書和朋友，前往家附近的購物中心選購卡片。我希望送給每個人的卡片都是特別的，因此我在卡片攤前花了很多時間挑選，在那同時，我也在觀察人性。

我看到一個男人急匆匆的走進來，站在那些有著紅心的卡片前開始找「心」、找「愛」，每翻一張，他賭咒一次，「什麼鬼玩意兒！」「真是無聊！」「每年玩這些卡片遊戲有什麼意思？」

「那你為什麼要玩這把戲？」我問。

「你是什麼意思？如果我不送她卡片，她不把我罵死才怪！」他指的是自己的老婆。

不久，又一個女士走進來，我仍然慢慢選著，希望能使收卡者感到特別的情意，我對那女士說：「情人節快樂！」

「你猜怎麼樣？」女士對我說：「我的老闆要我來選情人卡給他太太。老天！我丈夫若這麼對我，要另一個女人去選情人卡送我，我一定殺了他！」

瞧！我站在這些大大小小的紅心之前，就目睹耳聞了兩大「愛的謀殺案」。突然間，我也有些茫然，我為什麼去忙著談論「選擇愛」、「選擇人生」？

基本上，我是一個教師，我喜歡這個頭銜更甚於其他的名稱，我來回於全國各地瘋狂的呼喚愛的存在，提醒生命的神妙，我卻也明白，許多事是不能教的，只能親身體會、身體力行。我可能是智者，但是我無法強迫你學習。我們的學習來自於模仿和觀察，從嘗試和選擇中，我們吸取所要，若是學生不學，你聲嘶力竭仍然無濟於事。學習是自動自發，是自己去取捨發現的，這些也深深困擾著我。**我們若是要孩子學習愛、學習責任感、同情心，了解愉悅及生活，自己卻不以身作則，示範給孩子看，讓孩子模仿，如何要求他們懂得？**愛不是要女祕書去買情人卡給妻子，也不是對著紅心咒罵、嫌煩可以學得的。

電視廣告有時也令我無法忍受，那些周到的服務，可以為你的父母選取禮物，送到家門口；為你的愛人選擇禮物，限時專送。這種禮物，自己留著吧！不送也罷！

我們的確非常貧窮，在物質上，常常會無隔宿之糧，但是除此之外，我們的快樂、我們的尊榮、我們的相親相愛都不是金錢所能買到的，這一切，我都在無形中從父母那兒學來。

統計報告顯示，百分之二十的老年人不快樂，每三對或兩對的夫妻中就有一對離過婚，每七個人中就有一個人在四十歲前需要心理醫生……，這種成人的模型，如何讓孩子模仿學習？

常常有人對我說：「巴士卡力，你是幸運者，在一個美滿的家庭中生長！」

的確，我是幸運的，我的父母都是令我懷念的樂天者，母親總是帶給我們笑聲、歌聲和美好的事物；父親比較嚴肅，卻不失其樂天豁達的本性。他們的身教自然的形之於外，我從其中學到自尊、貧窮和愉悅。我們的確非常貧窮，在物質上，常常會無隔宿之糧，但是除此之外，我們的快樂、我們的尊榮、我們的相親相愛都不是金錢所能買到的，這一切，我都在無形中從父母那兒學來。

我也記得，我小時候很瘦小，母親卻有她一套精明打算，總是買大三號的衣服給我穿，因為這樣可以穿久些而不嫌小。然而，一到上體育課的時間，那套過大的衣服，往往只使我露出兩個大眼睛，一身的鬆散和遲緩，使體育老師對我「另眼相看」。我一直被列為笨拙、遲鈍的學生，他精挑細選球類選手時，沒有點中過我。田徑中，我沒列名。我總是縮在一旁，祈禱著他也讓我摸摸球、伸伸腿，但是沒有，因為我笨、不靈活。一直到十七歲，我還不知道如何拋球。投籃原來不難，但我學到什麼？從這個模型中、老師的反應中，我是笨手笨腳，我是不靈活的。體育成了我童年的惡夢。

另一位老師，我希望你們之中若有人知道她的下落，趕快告訴我，我要飛去天涯海角給她擁抱和祝福。我非常懷念她，她讓每一個學生感到自己的特別和不同，她愛每一個學生，關懷每一個學生。她抱你，把你溶入她溫暖的臂彎胸懷；她教你一切，你從她那兒，學到每一件事物和言行，她是典範。

孩子在無形中都會模仿我們的一言一行，因此我不斷的問著老問題：**若是我們無愛，如何使孩子成為愛人者？若是我們不關心、不負責，如何要孩子成為有責任感、有同情心的人？**他們的所見所聞，也成了他們的所言所行，因此，我要在此強調，有些模式，我們要盡力表現給孩子看。而為了達到這點，我們得再三告誡自己，我要做一個最好的人生模範，為自己，也為孩子。

從統計中，常常令我費解，全美只有百分之二十的人口選擇了自己的人生，其他人則一再的說：「我並沒要求生下我！」多可悲，生命如此多采多姿，有人卻抱怨為什麼要生下我？人生有那麼多可知、可做、可細細咀嚼的事，等著我們去經歷，為何要完全放棄？

別笑我少見多怪，我有時是很天真的。你可知道紅蘿蔔嚼起來的味道？白蘿蔔嚼在口中的芬芳？紅、白蘿蔔合吃，卻產生了另一種滋味？我最近才發現的，覺得真美妙。這正如生活的發現。

還有一次，我去紐約北邊的阿爾巴尼（Albany），瞬間從攝氏二十八度的夏天，跨越到零下二十六度的寒冬，有人說：「你這個可憐蟲，凍壞了吧！」

「你說什麼？才不呢！我好久沒見過雪，又有美麗的冰晶。我要好好慶祝這種天寒地凍的天氣呢！」

他們總算相信了我的欣喜與對雪天的狂樂，但卻嘀咕著，又是巴士卡力神經發作，他是不按牌理出牌的。

我們要教孩子的第一件事也就是，每一天、每一時刻，都是神聖的，然而，我們教不來孩子，我們必須先有這個信念，才能使孩子相信。每當我看著你們，對著成群

我們若不曾讓孩子親自體會生活，他們如何能覺曉人生的真味、快樂、痛苦、死亡與神奇？

的聽眾或來往的人，我總是充滿了敬畏傾慕之心。我看著你，那容光煥發的臉，那發亮有神的眼睛，那黃金般可貴的心靈，紅髮、白髮、黑髮……，那麼多不同種、不同類的你們，多麼令人敬畏，沒有相同的兩張面孔，沒有重複的個體。**我們一定要讓孩子及早發現這生命的奇妙與個別的差異，否則，他們會逐漸喪失這些獨特的品質，失去了屬於他們個別的差異。**

我們無需把孩子從生活中隔離，過分的保護，只會使孩子失去了生活的能力。我們若不曾讓孩子親自體會生活，他們如何能覺曉人生的真味、快樂、痛苦、死亡與神奇？若是你不參與，自然不能深入其境，我們要擁抱生活，也要讓孩子有這種體驗；不要隱瞞他們，不要使他們成了溫室中經不起風暴的花草。

別忘了也要讓孩子學會及早發現真正的自我，不是從外在的世界，而是從真正的內在，「自我」不是別人加諸於你

的形象和頭銜，而是真正的你——只有你自己才能肯定、能發掘的你。快快讓孩子明白這點。

然後，**我們還需要教導孩子尊重別人**。他們不可能生長在這個世界而唯我獨尊，不與人交往。只有擁有更多的朋友、夥伴，他們的世界才會更豐富、遼闊。不要築起圍牆、鍊起鐵鎖，我們必須相信別人、信賴別人，才能免於恐懼與孤獨。教會孩子信任別人，雖然也許是冒險，畢竟你怎麼知道別人足以信賴？但是若不開始，又如何能超越？佛家的慈悲為懷、普渡眾生，並不為了回報或補償。**我們愛人、信任人，因為我們有愛心、有信念。你去實行，增加了這世界的美好，你一無所失；你若遲疑，也就阻止了潛能的發展。快拆下圍牆，教會孩子信賴，也教導他們寬大為懷，這世界才能保持美麗完善**。

讓孩子認識生命的持續也很重要。我們的社會喜歡分門別類，把同年齡的人合起來，小孩子、青少年、年輕夫婦、年邁老人，每個年齡都有每個年齡的組別層次，若是你單身或失怙，你就落了單，這樣如何能體會到生命的持續和人生的綿延？孩子小時候，無從接觸到年老的人，小家庭生活體會不到親戚、朋友間的溫情。像我小時候，家中常有三、四代人同時進餐，或表兄弟姊妹圍坐一起的歡樂，這在今日的社會是很少

年齡並不會使人衰老，是心情使人老邁。只要你實實在在的活著，又如何有閒情逸致思及死亡。

能重現的，難怪年輕人對長者失去了同情心與尊重感，他們看不到自己也有老的一天、走到終點的一天。我們要尊重生命，如此才會有感恩之情。

從孩子身上我們也會學到許多。有一位垂死的婦人，寫信告訴我她只有三週的生命，此刻已在等待死亡，我回信告訴她：「在死之前，做點有意思的事吧！與其等死，不如走出門外，看看世界，到兒童醫院，看看那些得了絕症的孩子。」

她果真去了。孩子問她：「妳也是將死的人嗎？」只有孩子才會如此坦率的問這樣的問題，她也坦然承認。對於死亡，她不是懼怕，她只是一直活在寂寞的自我中，但孩子的親切、率直，給予她無比的溫情。

「你怕死嗎？」孩子又問。

「怕啊！」她回答。

「但是，有什麼好怕的？你就可以看到上帝了。」

這位婦女仍然活著，她再也不整天擔心死之將至，因為她不再寂寞。事實上，年齡並不會使人衰老，是心情使人老邁。只要你實實在在的活著，又如何有閒情逸致思及死亡。再說，也不必千方百計的避諱著不向孩子提及，他們必須從父母的態度中了解死亡。生也有涯，生命有限，這是沒有代名詞可以取代的事實。

讓孩子也學會靈活。有選擇是很重要的，鑽牛角尖則於事無補。他們是可以自由發展、海闊天空飛翔的。那些為了考不及格或怕成績不好而自殺的人，眼光多麼短小，心胸多麼狹窄；一場考試，一份成績單，在人生中占多少地位？值得以生命換取嗎？除了自殺以外，應該有更多變通的方法。我總是對學生說：「不要鑽死胡同，對自己有點創意吧！」

喜歡聚財賺錢的人，總是說：「有錢好做事，因為錢能買到許多方便！」是嗎？那些自殺率最高的家庭，卻往往有財有勢，你可以擁有全世界的財富，卻仍然沒有自由變通的能力。

記得自己小時候，我們週末常做的事就是，全家擠著破舊的雪佛萊車，去長堤曬太陽。我們在兩小時的車程內，又唱歌、又說笑話，到了海濱，人人對我們側目，這些寶貝多麼寒酸。我們那時的確很窮，但是我們該被窮苦困死嗎？我們有我們變通的方式、適應的能力，除非我們笨到守在屋內楚囚相對，我們為什麼不能真真實實的過活？我母親曾是歌劇演員，她教我們唱歌劇，一路上全家對唱，快樂極了！在父親臨終前，我們知道他的癌症已無良方，於是買了特廉機票，帶他去夏威夷玩。那種機票，座落在角落中小小的座位，沒人理睬，我們自備了食物，穿過頭等艙、二等艙，我們不在乎，講究氣派不是人人需要的。我們吃著自製午餐和蒜油麵包，反而使鄰座垂涎。最後父親打開食物，與眾人分享，那真是一次難忘的飛行。

別人總愛對我說：「巴士卡力，你真是天真，你說人可以自己選擇快樂，我才不信。」不信？下次你試試看，當你必須大吼大叫時，用微笑代替，你會有意想不到的收穫，大吼大叫只會使你胃腸出血、神經緊張，於事何補？

我告訴過你們那個在芝加哥機場的故事沒？太美了。有一個人告訴我，他從沒想到人可以自由選擇快樂。他聽過我講演之後，搭機去芝加哥，下機時，遇到大風雪，無法離開機場。他看到有一位婦人自動幫忙照顧小孩，讓疲倦的媽媽可以吃東西果腹。同時，他也看到兩個坐在輪椅中的婦女，他們三人彼此並不認識。原本他真想發作：「這鬼天氣，這些服務生幹什麼去了？」但是他想到了巴士卡力的話——不要坐著不動呀！想想辦法吧！

於是他走向那兩位無助的傷殘婦女：「你們是否也要進城？」他問。

「是呀！」她們回答。

「你們的行李呢？」他又問。

「我們拿不出來，因為沒有服務人員──」

「我來幫忙吧！」他說著，走到行李處，幫忙取出行李，又等到天氣穩定，才一起搭乘巴士離開。

「那真是一個美好的經驗，我一生中難忘的時刻，太棒了！」

這就是選擇。

嘗試是一個美妙的開始，你必須有這種意願，去冒險、去嘗試，你才會成長、更新。你不去嘗試、不去冒險，如何能跳出窠臼，給自己新機會？

多年前，我變賣所有家當，到亞洲旅行，幾乎所有的親朋好友全斥為冒險，「你會餓扁」、「你會赤貧」、「你會失業」。我回到美國時，只剩下一塊錢不到，但是我沒餓死，沒失業，反而學到許許多多。從飛機上、從博物館、在運河、在市場……，我學到人生百態，也學到生活的態度。泰國人的口頭禪「沒關係」，給予我莫大啟示，難怪他們如此平和快樂。「沒關係」，我們所憂慮的百分之九十，想通了也沒什麼了不

我們所憂慮的百分之九十，想通了也沒什麼了不起，事情都會過去的，我們憂慮什麼？為憂慮而憂慮，然後我們用憂慮使自己窒息。

起，事情都會過去的，我們憂慮什麼？為憂慮而憂慮，然後我們用憂慮使自己窒息。

每次一開口，我總是冒險，伸開雙臂來迎接人，說：「你認識我！」而不是說：「你好嗎？」我也是一個狂人，我膽敢向我們的院長擁抱——我不愛坐在院長室中，隔著長桌，隔著皮沙發，然後點頭唯唯諾諾：「是的，院長！是的，院長！」我跨過距離，站起來，伸開雙臂，我說：「院長，那太好了！」我擁抱他。我想院長並不討厭這種真情流露。

「這個利奧，比我們想像的還瘋狂。」我的同事說。

但是每次見了院長，我都如此。沒有人是高不可攀的；也沒有人是大到不可親近的，每個人都需要溫情的擁抱。試試看，那會改變你的新陳代謝與心態。

請聽聽這段話：

「笑口常開有痴傻之嫌。」有什麼關係，傻也有傻的樂趣，我不在乎做傻人。

「哭是多愁善感的表現。」是的，我愛哭，眼淚有療傷的功能。

「熱心有多管閒事之嫌。」我就是熱愛參與。

「坦率有暴露自己之嫌。」我有什麼好掩飾的呢？

「赤誠有天真之嫌。」比這更壞的名稱我也有過，有什麼關係？

「愛，有不被愛的可能。」但是，我並不是為了被愛才去愛人。

「有生就會有死。」我準備著呀！如果聽到我壽終正寢的消息，你們可不許流一滴眼淚。我是滿懷熱心、誓死如歸的。

「希望有失望的可能，嘗試也有失敗的時候。」但是不嘗試，如何有獲得？不去做、不去試的人，也不會有所得、有長進。他也許可免於受苦受難，可是他卻也失去了學習、成長與愛人的機會。**一個自限於籠中的人，是生活的奴隸，他喪失了自己的自由。**

只有勇於嘗試的人，才有自由。

試試看，會有什麼結果出現。

11

愛，是人生最美好的抉擇

—— … ——

你若要給愛下定義，

只有「人生」兩字可以取代。

愛，充滿在人生中，

你沒有愛，也就沒有了人生。

我的鄰居不久前告訴我一個可愛的小教堂，就在住處附近，他約我同去體驗那性靈的浸洗，於是我與他前往。當大門開處，人人走向我，與我握手，歡迎我，在一片聖樂中，我看到許多活動，然後神父站起來向大家宣布：「朋友，今天約瑟兄弟要和我們談談忠誠。」

約瑟兄弟於是站起來，向大家凝視片刻，然後雙手緊握著說：「忠誠！忠誠！忠誠！」說完即坐下來。他大約只有一六三公分，卻充滿了力量。

神父站起來向他致謝：「謝謝你，約瑟兄弟，真是精采的演說。」那真是一個美好的夜晚。

希望有一天，我也可以如此簡短有力的向大家說：「愛！愛！愛！」然後回家。但是我沒約瑟兄弟那麼有信心，他用一分鐘說的話，我要花一小時去談論。

我總覺得，我們熱切的渴望愛，因為這在我們生活中總是短缺的。多年前，我選過一門「遊戲治療法」的輔導課程，那是為兒童設計的，因為成人可以用語言心理治療，孩子可不懂，他們要由動作和表現中得到信息。我第一次接觸到這麼年幼的心理患者，一個五歲的小女孩，她有許多特別的舉動，譬如說，她愛用一塊塊泥土，做成一個人的模型，然後把泥人敲碎，口中說：「媽媽！」再做一個人，又把它打爛，口中說：

「爸爸！」然後，把全家人一個個做成人像，再狠狠擊碎。她要我也照她一樣做，我真是全心全意的投入，其實對她的行為只要記錄不必參與的，但是我忍不住對她說：「麗蓮，為什麼你要打爛你愛的家人？」

「因為這些人總是傷我的心。」她回答。這是一個五歲孩子的回答。

「但是我愛你，我可不曾傷害你。」我說。這真不是一個好心理輔導員的表現。

「因為你是狂人！」她說。

五歲，她已經知道愛是痛苦的，愛是有條件的，你如果毫無理由的愛一個人，你一定是瘋子或狂人，因為沒人相信的。

從此，我做了許多關於愛的演說，即使現在，我也不曾放棄。如今，我們廣泛探討諸如「嬰兒期的刺激」這類重要的事。然而，一個好媽媽早就知道要如何對待孩子——從搖籃時代就抱他們、搖他們、摟他們，而不會把他們丟在房間中忍受害怕和寂寞，只因為怕過分溺愛而寵壞了孩子。

我曾經接過一通電話：「喂！巴士卡力，到哪裡去找那個叫作愛的東西？我一個人住在公寓裡，可沒有那種膽量去打破這些隔膜。」我卻不害怕去打破藩籬，接近人群，我向人們伸手，說「愛」。「讓我們談談愛吧？」我不怕被視為狂人，因為人們都會寬恕狂人的舉動。當你叫我狂人，你給予我許多無拘無束的行為自由，我們由此也得到了相容和寬恕的默契，你認識了我，接納了我們的不同。

但是，我也要告訴你們一些非狂人的統計報告，全美每年有兩萬六千個自殺案，大多是六十五歲以上的人，而十三、四歲的青少年自殺率也急起直追，不斷增加中。我真是忍不住要大叫：慢著，你難道不知道有其他變通辦法，非要自殺不可？

年長者的自殺，也給了我們一些啟示——我們忽視和排斥老年人，不願看到老而無用，把他們逐於生活之外。為什麼我們不能欣賞那歲月所堆起的人生經歷？那經由時日累積而豁然開朗的心境？老年人的智慧和閱歷，不是正好彌補我們生活中所短缺的歷史感、持續感？除非我們趕緊有所作為，不然有一天，你也會年老，也會由生活中被排擠出去。

不要錯過愛，那是在你出生時，上天賜給你的禮物。我真不敢相信，竟有人連這份禮物都不曾拆開過，那裡存著生而為人應有的所有禮物，不僅僅是快樂——「我要永遠快樂」——不，還有淚水與痛苦，也有無限的奧妙與困惑。但，這就是人生。你不去打開，你就不能了解一個有生命、有人性的健全人類，其一生中所包含的奧妙與困惑。

趕快去探取那與生俱來的寶盒，那裡所包含的一切，將會使你的生活多采多姿，不再有

不要錯過愛，那是在你出生時，上天賜給你的禮物。我真不敢相信，竟有人連這份禮物都不曾拆開過，那裡存著生而為人應有的所有禮物，不僅僅是快樂，還有淚水與痛苦，也有無限的奧妙與困惑。

片刻無聊與空虛乏味。

我們會聽到有人說：「我是有愛心的人。」「我是悲天憫人的。」「我是個愛人者。」可是又不時聽到有人對僕役大吼，對服務生頤指氣使，對家人、親友怒責、無理……。我如何能相信你的愛心？除非你用行為表現你的愛，除非你能領悟到每個人無時無刻都在教導彼此如何愛，除非你自問：「我是最好的老師嗎？」而如果你的回答是肯定的，那很好。環顧四周，聆聽你自己一天說幾次「我愛」，而非「我恨」。

有意思的是，在孩子學習語言的過程中，他們總是先學會說「不」，多年後才學會說「是」。如果孩子出生後就時常能聽到「我愛你」，而不是「我恨你」、「我討厭你」等謾罵，他也會很快學會好言善語。

長久以來我一直在尋找有關愛的論述，但是在近百本心理學或社會學的參考書，卻連索引都沒有找到。當我提出想寫「愛」這本書時，也有一段好笑的插曲，我的出版社對我說：「肯定已經有人用過『愛』這書名了，你改一下書名吧！」我說：「何妨試一試再說。」結果，我們順利拿到書號。有一堆書叫《愛與恨》、《愛與渴望》、《愛與恐懼》、《愛的力量與喜悅》，但沒有人想到為一本書單純取名為《愛》。愛，這麼神奇美妙的字，如此不可限量的觀念。

誰是愛人者？愛人者是那個自愛、自尊的自己。猶太作家維瑟爾（Wiesel）在著作《火焰上的靈魂》（*Souls on Fire*）中說：

當我們死去時，
造物者不會問，為何你沒有成為救世主彌賽亞？
祂第一件事會問，為什麼你不曾變成你？

這就是你的首要責任，變成你自己，變成熱情、有感的你自己，你才能分享、給予。這是非常實際卻又充滿精神的，否則有誰能代替。你把它發揮出來後，你就會有愈

這就是你的首要責任，變成你自己，變成熱情、有感的你自己，你才能分享、給予。

來愈多可以給予的東西。

偽裝之愛，是有條件的——

「我會愛你，如果你考出好成績。」

「我會愛你，如果你乖乖聽話。」

但是，我覺得父母與家人不必如此勢利。詩人佛洛斯特說：「家，是時時向你伸開雙臂迎接你投入的地方。」父母也總是無私無怨的包容我們。我們對人不也應該如此無私無怨？**我們對人無私，我們愛人如己，我們也將接受同樣的對待，有時接收比給予更難，因為那是巨大的愛心。**

我經常旅行，很喜歡在機場觀察形形色色的人，這是研究人類行為的最佳場所。我在機場，永遠不會感到無聊或枯燥，因為人來人往中，我感到生命的活躍。有一次，我坐在一個男孩旁邊，他看起來是個幸運的人，擁有許多，但他卻不斷對我抱怨「學校是給那些笨蛋去的」、「教授差勁透了」、「這世界簡直讓人無法忍受」。他正要去科羅拉多上大學，但是他不斷的咒罵著「我不喜歡這」、「我討厭那」，最後，我實在忍不住了，說：「別再說了，你知道在剛剛這段五百哩的飛行中，你提到多少次『我』、『我』，你想過別人沒？」他停了半晌，問我：「你是誰？」

相反的，我在歐海爾機場（O'Hare Airport）有過不同的體驗。因為大風雪的侵襲，我們被關在機場整整兩天，完全不能動彈。但是我們可以白吃白喝，不論是餐廳或酒吧，只要在機場內，我們就受到免費招待。但是仍然有人對著空勤人員大吼：「我要去辛辛那堤，設法把我弄到辛辛那堤，我要離開機場。」誰不想離開機場，但空勤人員幫得了忙嗎？是大風雪作祟，你大叫有用嗎？

和急躁、盛怒的人相反的是，有一個女孩走向那些有孩子的母親，說：「讓我看顧一下你的孩子吧！我一直想當幼稚園老師，現在我正好開始實習。我有成打的故事可以說給孩子聽，你們把孩子交給我，去伸伸腿，吃些東西吧！」

你們應該看到被孩子包圍的女孩，說著故事，眼神散發光采。同樣是大風雪，有人咒罵，有人享受做幼稚園老師的樂趣。這就是選擇，人生神奇的、美好的選擇。

我要幫你，幫你得到這種快樂，因為許多歡愉由此源生。當然有時在給予之際也會受挫、受傷，但是，在你有能力時，為什麼不給予，像那個女孩一樣？**給予、分享**

的同時，你得到快樂。現在，我也要把這份禮物給你，你能使你的人生輕鬆、快樂，現在就做。

＊　＊　＊

我也是那些有福氣看到達賴喇嘛的幸運者之一，真希望你們也與我一起感受那麼美好的經驗——他站上壇台，對著大眾談虔誠摯愛，所有人都溶化在他的溫暖熱流裡。他說：「我們最大的職責，也是主要的職責，是幫助別人。」他向眾人微笑，接下去說：「請你，請你們伸出援手，若你不能幫助別人，至少，可不可以不要傷害別人？」

如果各位都能伸出援手，這世界將多美！這是人類積極的力量，只要我們不退縮、不消沉，我們就能更接近肯定的境界。

當我們變成兩人、三人、四人……，想想看我們會增加多少力量。我把你引入我的生活，你把我帶到你的世界，我們就有四隻手臂、兩個腦袋、四隻腳、兩種喜悅的可能。當然，也有兩種流淚的可能。但是，我不再獨來獨往，不必獨自啜泣，你也不用暗自流淚，因為**沒有人應該要忍受孤獨飲泣的寂寞。有了「我們」，「我們」可以互相依恃，不必孤獨而終。**

唯有伸出手，接近別人，冒險相信別人、接納別人，我們才能成為一個真正的人。

有時候，我們不免要問：「人到底還互相愛護嗎？」看看那些公路上急駛搶行的車輛，按著喇叭，口中咒罵著「豬」、「渾蛋」或「去死吧！巴士卡力！」，然後呼嘯而去。好笑的是，每當我開到人行道時，減速讓人通過，他們簡直不敢相信的看著我，遲疑的不敢前進。

有人讓路給我？我？

這使他們一天都有如踩在雲端般的陶然。

然而，唯有伸出手，接近別人，冒險相信別人、接納別人，我們才能成為一個真正的人。我曾在課堂上要學生為別人做事，我說，你為某些人做某些事，你也就解除了陌生感，達到了自我的滿足感，因為你有了付出。但有很多學生問我：「有什麼事可做？」

喬爾就是其中一個學生，而他的故事是一個動人的故事，我樂於向人一再訴說，他也不反對我把它說出來。

當喬爾問我：「有什麼事可做？」我對他說：「跟我

來。」在南加大不遠處，有一間老人院，我帶他去那裡。每一個人都該去的——如果你想預見自己的未來，就去老人院吧，看看那些身穿便衣、躺在床上、瞪著天花板的老人。**老，不是來自歲月，而是由於無愛和心死**。

喬爾到了之後，說：「我來這裡做什麼？我又不懂老人學。」

「好，你看見那邊的老太太了嗎？你只要過去和她打聲招呼就好！」

「只要這樣就好？」他問。

「只要這樣就好。」

她肯定是上天派來的。他走過去，說：「呃，哈囉！」她看著他，遲疑了一會兒，然後說：「你是我的親戚嗎？」他回答：「不是。」她說：「很好，我討厭我所有親戚。孩子，坐下來吧！」

於是，他坐了下來，他們開始聊天。這女人，有著多麼豐富的常識、智慧，她和他談人生、愛、恨、受苦與歡樂。就如同我說的，當我們忽略了我們的歷史感，我們就注定一再重蹈覆轍。我們真是失去太多太多，若是不曾好好坐下來傾聽，這些人生的碩果、生命的獲得都無法領會。可是多半的時候，有誰肯耐心的坐下來，認真聽年長者的話語。

人生不是一趟旅遊，沒有目的地，人生是一個過程，一步一步讓我們接近；若每一步都是神妙而新奇的，我們就真正的經歷了一生。

從此，喬爾按時去老人院，人人期待他的來臨，他們不再蓬頭垢面，他們為喬爾改頭換面。如果你心死，當然一切都不在乎，但是他們又有了期待和希望，他們開始裝扮，收拾自己。

而喬爾的日子也發生了令人驚奇的變化。那天，或許是我教學生涯中最成功的一刻──我走出校園，看到喬爾帶著三十個老人去觀賞足球賽！

「我來這裡做什麼？」他曾經問過。

結果，他有數不完的事可做。

小小的事，一點一滴，我們看到了不同。

人生不是一趟旅遊，沒有目的地，人生是一個過程，一步一步讓我們接近；若每一步都是神妙而新奇的，我們就真正的經歷了一生。我不希望你們走過了全程，卻不曾活過，只是白走一遭。

不要對人虎視眈眈，看著他們的眼神說話。

不要教訓你的孩子，和他們談天說地。
不要只愛外在，要深入愛他的全人。
現在就實行，因為歲月不再，稍縱即逝。與其哭泣逝去的時光，不如把握已有的現在。

我要用我正在寫的一段小文來作結束。我稱之為「起點」：

每天，我答應自己不要非得一口氣解決人生的問題。
（豁達些，明天你成不了愛人者，下週你一定可以達到理想。）

每天，我將試著認識新的我、新的你，以及我生存的新環境，這樣我才能繼續體驗新的事物，有如一個新生的幼兒。
（你不是原來的你，我也不會是從前的我。經過今晚，你將不同。走過遍地的落葉，迎接明日的朝陽，你將改變，即使，只是長胖一點點，然而，你再也不是從前的你。）

每天，我要記著和你談論我的快樂和悲傷，這樣我們可以互相了解得更深切。

（每天，我要提醒自己，真正聽你說話，試著明白你的觀點，並把全然的自己呈現給你。記著我們要一起成長，一起學習，在千變萬化的環境中一起蛻變。每天，我記住自己是一個凡人，我也不應苛求你的完美，除非我盡善，我無理由期待你完美。）

每天，我要盡情體會那些在我們世界中的美好事物。

（世界有醜惡的一面，但也有美好的事實，不要讓醜惡改變了你，我愛花、愛鳥，愛欣賞孩子的臉，愛享受和風拂面，也愛吃美味的食物。我把這些美感與你分享，而最大的讚語──看那落日！人間至美。）

每天，我要提醒自己，用我指端輕柔的觸及你，因為我不想放棄那接觸你時的美感。每天，我要使自己成為一個愛人，再一次的經歷愛的過程。

我真正想說，你若要給愛下定義，只有「人生」兩字可以取代。愛，充滿在人生中，你沒有愛，也就沒有了人生。

請不要失去你的人生。

12

把「我」
變成「我們」

—— ··· ——

如果你同我站在一起，
當黑夜來臨，我們可以互相依恃，
相信我，黑夜也就不再令人畏懼。
不久，又可再同浴於日光照耀中。

同在一起，這是一個強烈的觀念，我要與你們分享。我總是感到人的隔閡太大，在大街上，在熙攘的人群中，我們集而不聚，相見卻不相關；多少人死於孤獨，多少人等著關懷，**我們若不張開雙手，接觸別人，建立與人相聚的橋梁，我們如何能更接近、更充實的同在一起？**所以，在這裡，我要強調「一起」，你同我，我們同在一起。

從旅行中，我感受到分離、寂寞與絕望；從旅行中，我也認識新知，逢到舊友，有人向你傾訴，也有人同你談心。我喜歡坐飛機，因為我常常可以認識形形色色不同的人群，那使我活在人群裡，沒有隔閡與距離。

那天在飛機上，我的座位正好是雙人的位子，我走到位子時，旁邊的人已先我而至，他坐在窗口，看到我在他旁邊坐下，不理會我的招呼，卻咒罵著：「差勁，我以為這個位子是空的，飛機起飛後，我就可以躺下來了。」我馬上說：「等飛機起飛後，一有空位我馬上換位子。」

我坐下來，繫好安全帶，然後一個女人帶著娃娃走過來，「倒楣，等一下就聽這個娃娃一路吵到紐約吧！」這是第二樁抱怨的事，而飛機尚未起飛呢！

不久，空中小姐在示範緊急時的措施。他又有話說了：「無聊，她們還不是要引人注意，乘機找有錢佬做丈夫。」然後我們開始分菜單。多好，在飛機上又有魚又有肉，有吃又有喝，可是他說：「這些差勁的飛機，沒什麼好吃的食物。」他怪東怪西，怪全世界的人，一切都以「我」為中心，「我」不喜歡它，「我」討厭那，「我」，了不起的「我」。

然後飛機起飛了。我沒有別的空位，只好坐在那裡。我相信到了紐約後，他會變成一個有愛心的人，我心中默念。

「你是做什麼的？」他轉頭問我。

「我在大學教書。」

「教什麼？」他又問。

「心理輔導及使人相愛和相處的人際關係。」我說。

「好極了，這世界上總算還有人跟我一樣有心關懷別人。」他說。

人人都自以為比別人有愛心，卻怪妻子棄他而去，怪孩子不知感恩圖報。聽聽你自己的話語，一天中，你說過多少次「愛」和「喜歡」，多少次「恨」和「討厭」、「可惡」！這是很有趣的現象。

我實在聽多了「我」、「我」、「我」的老生常談，為什麼不把我換成「我們」？**「我」當然是重要的，但是「我們」不是更強壯有力嗎？「我」只有雙手，「我**

若是我們一起，我不僅給予，我也得到，我們的世界不僅是一個，而是兩個，我們會有更多的點子和創意，不是挺好的嗎？

們」加起來卻有四條胳臂。我總是在想，若是我們一起，我不僅給予，我也得到，我們的世界不僅是一個，而是兩個，我們會有更多的點子和創意，不是挺好的嗎？

我發現到一般人陷入「我」的主觀中極深，也因此帶來一些令人咋舌的結果。這是從一本叫做《美國一日》（*An Average Day in America*）的書中得到的數字——

一天中，全美有九千零七十七個嬰兒誕生，卻有一千兩百八十八個是私生子及棄嬰。

一天中，有兩千七百四十個孩子離家出走。

一天中，有一千九百八十六對夫妻離婚。

一天中，有六十九個美好的生命自我放棄生存而選擇自殺。

每八分鐘，有一件強姦案，每二十七分鐘就有謀殺案，每七十六秒有搶劫案，每三十三秒有偷車案……，而全美平均的人際關係僅維持三個月。

不要讓我把你嚇著，這是我們生存的世界，你若不滿意，我們可以一起努力，創造一個美好的生存環境。多好！我們一起。

我沒有什麼錦囊妙計可以出售，卻有許多東西與你分享，如果你也能與我分享你的想法，我們共同體認離群獨居或自掃門前雪是不合時宜的自私行為，便可以摒棄狹窄的自我，而一起創造。

只有自負、自大的人，才相信可以教別人學習。我一生從事教育工作，雖然喜歡教師這個頭銜，但是我卻不能教任何人學習；若是你不肯學習，我是毫無辦法的。

我頂多只是一個學習的安排者，使你在學習之時，覺得有趣、有勁。我不能把知識硬塞給你，只能把知識擺在那兒，用一種較為引人和興奮的方法，讓人樂於接近，「噢！這個狂人在耍什麼法寶？他為什麼那麼熱愛生命，聽聽看，或許人生也有值得過的可愛之處。」你駐足傾聽，你留連不去，你決定學習下去。

所以，我們真正需要的是行為的模式，好的模式，愛的模式。我的父母沒有教我愛是什麼，他們做給我看；史丹福大學的班都拉（Bandura）教授告訴我們，**最好的教學法是身教，是自己去表現，你不必教你的孩子做這、做那，你以身作則，讓孩子觀察，讓孩子成長、學習。**

你們都知道我來自一個大家庭，我們的房子很小，可是永遠有很多人在一起，祖父母、兄弟姊妹、表親、堂兄……，有吃時大家同享，有喝時大家同飲，我們學會分享，分享一切。即使是廁所，也是共享的，那麼多人，只有一個廁所，我們出出進進，每人不能超過三十秒。我們睡在一起，吃在一起。現在的人，有許多房間、許多浴室、許多方便，可是一家人卻不在一起，各自為政，各人有各人的世界。

我的母親根本不懂什麼心理輔導，也沒聽過行為的模式，可是她卻知道用身教示範，她是最自由的輔導專家。記得我年輕時，嚮往去巴黎，她說：「菲力士，你太小了，不能獨自旅行。」可是我太想去了，我說：「媽，但我好想去。」我要去巴黎聆聽心理行為專家的理論，去學習教育新知。母親只好說：「好吧！如果你去，你就是一個成人了，成人是要懂得如何照顧自己的。」

我去了，帶著很少的錢和很大的夢，享受每一分鐘的生活。但是，很快的，我的錢就用光了，因為我習慣了分享，習慣了與朋友同飲，這是我成長的模式，父親一向如此。於是，我身無分文時，只好向母親求救，為了省錢只打了一個簡短的電報：「媽，餓。」一母親的電報也回來了：「菲力士，餓。」是的，你是成人了，你得自己設法，自己照顧自己。

愛的關係來自於同在一起，愛必須把你自己從「我」、「我的」束縛中，擴大成「我們」、「我們的」開始。

從這件事中，我學會了許多人間的真相，什麼是飢餓，什麼是真實的友誼與酒肉朋友，什麼是冷酷——不只是身體上的寒冷，還有當你不再有能力與人共享美酒時，原先稱兄道弟的朋友從此遠離的冷酷。母親若一時心軟而援助我，我永遠看不到這一面。

我留在巴黎，自力更生，為了要向母親證實我已長大，我可以照顧自己。一個月後，我返國，母親說，那是她生平所做最難的一件事，但是她若不這樣做，我就永遠長不大。的確如此，從這件事中，我學會了真實的生活與愛。

＊＊＊

愛的關係來自於同在一起，愛必須把你自己從「我」、「我的」束縛中，擴大成「我們」、「我們的」開始。

經常在電視演講後，有觀眾打電話進來問我：「我結過婚，有家有小，可是他們都棄我而去。我獨自守著公寓，我也喜歡交朋友呀！但是我卻只有寂寞。」

也有人說：「我走在街上，那些熙攘的人群，都是我們的朋友、同類，可是我不敢笑、不敢打招呼，我們不能這樣做啊！尊嚴、面子，我們要維持不可侵犯的樣子，人要保持距離才有安全感！」

其實，許多事都是學來的，我們需要更多人來示範如何說「你好」，如何與人交往溝通，如何一視同仁。空中小姐也是人，帶著娃娃的婦人也同樣有她的地位、尊榮。**人，沒有高低，也不必厚此薄彼，我們要多學習。**

有一位婦人對我說：「結婚二十年，我一直試著改變丈夫，可是始終徒勞無功。他再也不像當初那個令我墜入情網的人。」多少夫妻同床異夢，視而不見？他們彼此活在「我」的圈圈中，忘了「我們同在一起」，「我們可以一起分享」，也可以「一起學習」。

而分享是美妙的，獨自欣賞落日當然美，但是與所愛的人一起分享更美！獨自品嘗美食是一種享受，但是與親朋好友共享，是人間美味！**你獨享，就只享受到單一色彩；共享，可以由他人眼中，分享到不同彩色。**

心理學家佛洛姆（Erich Fromm）曾經說：「人最大的桎梏是自我分離，要解除束縛，必須先從這種自囚中走出。」千真萬確。自我的桎梏導致精神錯亂失常，心理學者的分析，不是胡言亂語。

健康的人，活在人群中，只有心理不平衡的人才遠離人群。我曾和學生在「愛」的課程中討論。「為什麼害怕走入人群？」我問。

「因為怕受傷害？」學生回答。

受傷、痛苦，這也是人生必須面對的，有時卻也增加了生活的多面和情趣。你哭，因為你有情有愛；你痛苦，因為你有感受。生物學家說過：「沒有了相互依恃，所有生物皆無法生存。」我們互相接觸、互相接納，也互愛互異。無需害怕受傷受苦，有相愛自然有相觸，有相容也少不了相斥，這是生存的必然現象。生物學家又說：「在生物間的相會與相關中，他們彼此給予對方生存的利益與生命的活力。」所以，我給予我生命的活力。這也是你們可以得到的禮物，拿不拿全在於你們自己，我是不會客氣推辭的。

由於許多事都是學來的，這些學來的事也可以增進我們的關係和相處，可以使我們真正相關、相愛、相互在一起。

首先，我們要明白真愛。

「愛，是完全的相知與包容。」你不曾粉飾愛，不曾偽裝自己，自然沒有真相顯露時的恐懼。

許多人，許許多多的我們，難忘於第一次。第一次的新鮮感，使你有了甜蜜的初戀，初次墜入情網的幸福感，還有在彼此追求示愛的過程。那是行為上最佳表現，你們相愛相關，相容相吸，多美！在相互追求中，兩人都表現出最好的自我，為什麼不能如此持續？若是兩人坦誠相對，表現真誠的本質，又何需掩飾，害怕變質？「愛，是完全的相知與包容。」你不曾粉飾愛，不曾偽裝自己，自然沒有真相顯露時的恐懼。

人生有許多的蜜月，聽聽老年人當年的回憶，一樁樁甜蜜的回憶。有時回首當年，很容易的會帶回彼此同享過的蜜月——第一個孩子、第一件工作、第一幢房子、第一次相識……，在歲月流逝的過程中，有多少值得回味的蜜月，即使是面對著彼此的成長，那共度的歲月，十年、十五年，不也是一段甜美的記憶？

如果你真愛一個人，你會把對方的成長視為自己的成長，分享對方的收穫。因為每當對方學到新知，有所長進，他也與你分享，你們是「一起」成長的。**你不必期待他變成你，你也不必把自己溶入他的世界裡，你們是不同的個體，你們保持自我，手牽手共同成長。**

詩人紀伯倫曾經寫過一首美麗的詩句，其中談到人際關係：

同歌，同舞也同樂，
但是，讓我們也保持自我，
像那共奏的音符一般，
即使造就美妙的音樂，
它們卻保持著各自的音符。

多好！

走向對方，告訴他「我要與你同奏共鳴」。但是，**不要把你自己完全交付給他，沒有人能代替你保持你的身心，只有完整的人生，才能充滿你的心。**

不要活在別人的陰影裡，因為你會永遠長不大。**橡樹不必萎縮在柏樹的陰影下，**

你經歷過，你超越過，你回顧每一步成長的腳步，再望前看，那些經歷，不僅幫助你成長，也使你成為更茁壯的個體。

你自然也可以找到自己的陽光，充分接受絢麗的光彩和照耀。你若是躲在陰影裡，終將枯萎而失去自己。

第二點，除了真愛之外，我們要明白愛與相處的關係，是造物主創造的、與生俱來的，但是，必須靠人在地球上共同學習，一起努力。這並非易事，但是有什麼事不需努力去完成？我因為寫一本關於相愛的書，做了無數的研究與調查有關人際行為，而愛是人類最具活力、最富精力的行為。

愛，同時也是會帶來痛苦的，不錯，你愛一個人，保持相愛的關係，多多少少要付出一些努力，而放棄一些自我的成見與私欲，確實是痛苦的，但是，同時你也體會了痛苦的真義。我們社會中對痛苦有著逃避的妙法：吞食藥物或借酒消愁。其實，**痛苦也會教會我們人生的不同感受，我們了解痛苦，卻不必活在痛苦中，捉住不放**。你經歷過，你超越過，你回顧每一步成長的腳步，再望前看，那些經歷，不僅幫助你成長，也使你成為更茁壯的個體。

我前面已經提及，我們社會中，人們都保持疏遠的關係，彼此冷漠、保持距離，雖然渴望著相關與相知，卻怯於流露於外。我很幸運，生長在一個溫暖有愛的家庭中，人人相互擁抱，沒人告訴我：「喂，你是男孩子，不要來那套娘娘腔。」（男人就不能表現真情？）

加州大學（UCLA）的白士樂博士（Dr. Bresler）在痛苦治療診所中，已不再照傳統處方開藥，他只寫著：「每天四次擁抱。」大家以為他在開玩笑，「不，不是的，」他說：「早上擁抱一次，中午一次，晚上一次，睡前再一次，你的痛苦病就會痊癒。」

弗克博士（Dr. Harold Falk）也是一位資深的心理學家，他說：「擁抱可以驅除頹喪、絕望感，驅動體內的免疫系統，使你免於衰老、疲憊，變得年輕而活力充沛。家庭中的擁抱，可以增進感情，化解緊張疏遠的氣氛。」

海倫．可頓（Helen Colton）在她的書《接觸的快樂》（*Joy of Touching*）中曾提及：「人體中的血紅素，由於擁抱而產生強烈的氧氣供給大腦和心臟。」她說：「如果你要維持健康的身體，最好彼此相愛，常常相擁。」可悲的是，在我們的社會中，我們往往忘了相擁、相愛的真諦，而以「性」來概括一切屬於溫暖的柔情蜜意。

我們永遠不該停止需求愛和關懷的給予。《洛杉磯時報》專欄作家山得森（J.

失去所愛的人，是一件痛苦的經驗，我們卻可在失去愛之前，好好把握，好好表示。

Sanderson）曾說：「每個人類都渴望交談與友情，年老的人也許會有動脈硬化，有關節疼痛，他們的情緒、情感卻不會僵化。年老的人和大家一樣，也是需要愛和關懷的，即使只是小小的愛和關懷。就算是風燭殘年的黃昏之戀，又為什麼不及時把握呢？」

我的同事去年喪妻。在極端年輕而不曾意料的情況中，他的妻子突然逝去，這是令人悲哀的，但死亡不總是如此？不知它幾時來臨，與其等到死後再後悔不曾善待死者，何不現在就好好愛他。我的同事說他太太一生總希望有件紅紗衣裳，但他說俗不可耐，從未買給她，卻在她死後，用紅紗衣裳裝扮她。這不是太蠢、太傻了嗎？

如果你的妻子想要紅紗衣，現在就送她，不要等到明天。人們總覺得：「她知道我愛她嘛，何必說出來！」但是你可曾厭於別人告訴你「我愛你」？聽多了「你真棒」、「你太好」這樣真誠、坦爽的愛語，永遠不嫌多，永遠聽不厭，那麼你又何必吝於表達？一張小小的紙條，壓在咖啡杯下：「我的生命因你而豐富。」或是：「你對我非常重要。」失去所愛的人，是一件痛苦的經驗，我們卻可在失去愛之前，好好把握，好好表示。

愛的關係在於誠實、開放的交談和了解，不要吵吵就算，不要只有短暫的爭吵，要坐下來好好談。下次若有短暫的爭吵，對方以「沒事，沒事」搪塞你時，我教你一個妙方，你就說：「真好，我以為有什麼事發生，可是根本沒事，一切都好得很！」你看看對方會不會告訴你一切。

同在一起，從「我」、「我的」，成為「我們」、「我們的」，你們的關係會和你一樣充滿活力；如果你們的關係遲鈍、刻板，那是因為你不曾盡力充實自己，保持活力。要使自己抖擻起來。千萬記住，這個世界不是只為你一個人而創造，你若不使自己生存、使別人合意，那是你的損失。人，是不一樣的，卻沒有絕對的壞人，不要總是指責，即使你證實了別人有不善的行為。你也相信有一天他們會改變，你可以幫助他們改變，每一個人也都有潛力去改變、長進。千萬記住，**人際關係也是可以改進的，確定你自己是在改變進步中，你們的關係也在改善變化中**。記住，自怨自艾不僅渴求同伴，而且揮之不去，可千萬不要惹上這種夥伴。

最後，我要用達賴喇嘛的話來結束今天的主題。他說過，我們的生活相近相關，所以我們的首要之務是去幫助別人，如果你們不能幫助別人，至少不要傷人。

如果我們都允許，我們將窮自己一生努力於幫助別人，為我們在一起，而獻身致力，我們也為這人類成長的過程而一起貢獻自己。我們若幫不了別人，至少也不去傷害別人，這將是多麼美妙！曾獲得諾貝爾詩人獎的義大利詩人昆西默托（Quasimodo）寫過一首詩：

我們都短暫的同浴於宇宙的日光中，
然而，驟然間，黑夜卻悄悄來臨——

如果你同我站在一起，當黑夜來臨，我們可以互相依恃，相信我，黑夜也就不再令人畏懼。不久，又可再同浴於日光照耀中。

13

走出自限不自困

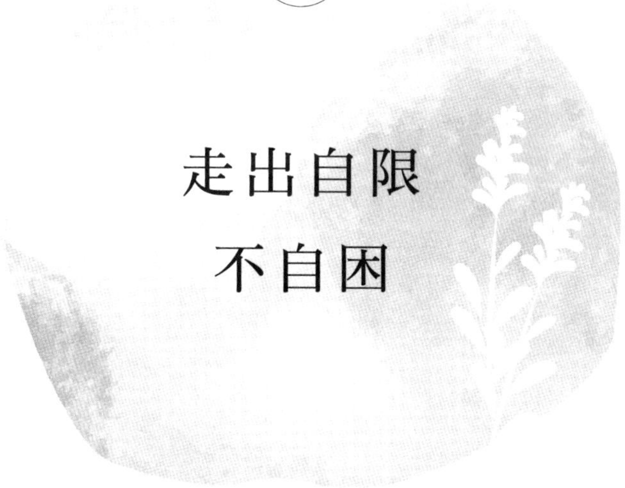

—— ··· ——

世界呈現在眼前，

美好的事物等你去看、去聞、去摸、去感覺，

你不要終其一生，困自己於自製的殼中，

而不去經歷這一切美妙的事物。

生活上許許多多的不可能，其實都是由於你自己擋住去路。除了你自己去剔除這個阻礙，讓愛與生活接近你，別無他法。

現在，我要同大家談談我認為極為重要的觀念——自限的因素。

我不斷接觸到形形色色的人，他們都有同樣的恐懼和懷疑——怯於表達自己，也懷疑自身的能力和美妙可愛之處。我們若不能自然流露本身的愛和關懷，開放的與人相識相處，我們的世界還有什麼希望？所以我想同那些帶著疑慮、沉默退縮的人談談，我把主題稱為——「自限的因素：自我阻撓的你」，我用全心的愛，把它送給你。

真是不可思議的事，生活上許許多多的不可能，其實都是由於你自己擋住去路。除了你自己去剔除這個阻礙，讓愛與生活接近你，別無他法。但是，就有這麼多人不信任自己，他們不喜歡自己具有的一切，包括內在與外表。

記得有一個可愛的女孩，她來辦公室找我會談，我說：「告訴我你的事。我們這學期有十六週會在一起，我若不了解你，就會像陌生人一般。我也會談談關於自己的一切。」

「我沒什麼好談的！」她說。

「怎麼可能？」我說：「你總也有些奇思妙想吧！」

「奇思妙想？」她停了片刻，深深嘆了一口氣，她說：「我覺得我太矮！」

我一直沒覺得她矮，於是我想用一些好事來消除她的自卑。

「你是好學生啊！你的成績單上不都是A？最近考試也考得不壞！」

「運氣好而已。」她說。

「但在世界上你是獨一無二的你……」

「我是獨一無二的？別跟我扯這些無聊的話了。我知道自己既不好看，也不受歡迎，我沒有很多朋友，常常孤獨的生活著……」

這使我想到，如果她真以為自己既矮又醜、又笨又一無所有，別人如何能救她於自限之中？我必須和她合作，讓她消除自我限制。當她走出我的辦公室時，她會覺得高了十公分，不再自憐自哀。如果她再縮回自限的硬殼中，那代價就太大了。

有人喜歡作繭自縛，把自己縮在堅硬的殼中。你若不肯走出來，接觸外界，即使有人為你敲開硬殼，你仍然萎縮不前。

世界呈現在眼前，美好的事物等你去看、去聞、去摸、去感覺，你不要終其一

世界呈現在眼前，美好的事物等你去看、去聞、去摸、去感覺，你不要終其一生，困自己於自製的殼中，而不去經歷這一切美妙的事物，那未免暴殄天物，太罪過了。

生，困自己於自製的殼中，而不去經歷這一切美妙的事物，那未免暴殄天物，太罪過了。

所以，**及早停止反抗你自己、束縛自己的愚行吧！你說你一無所有，你想你是一無所有，你就真的是一無所有。「我不能」、「我不會」、「我不要」，你把自己置於堵塞的死巷中。**

我喜歡英文中的「是」（Yes），那是最美麗的字眼，那是一個持續，一個延長，一切無盡的希望，Yesssss……

「不」（No）是斷了的線，當你說「不」，你關了門窗，縮在椰子殼中，不見天日。如果你不敢肯定的說「是」，至少不要怕說「也許」（Maybe），你還能有機會，有希望。但「不」是可悲的，不去做，如何能做成？不去試，如何能得？

我也不喜歡這句話：「我太老了。」

太老了，不能在落葉上輕舞；太老了，不能在草地上打滾……

老？試試看你有多年輕，而不是多老！

我從來不說我幾歲，新聞記者常問我：「巴士卡力，你幾歲了？」

「我還沒生呢！」我回答：「我也可能還是青少年，在某些方面我又可能已經一百九十歲。我在新生，我也在掙扎，你怎能算出我的年齡？再說，要根據哪一年來計算？」

所以，當你說：「我太老了！」就等於關起門來，拒絕一切。**你永遠不會太老，做任何事都不會太老！因為年齡只存在於你自己腦中，你不去受限於它，誰又管你老不老呢？**

有人說：「這真是『狗咬狗』的世界！」你見過狗咬狗嗎？喜歡牠們？是的。吃牠們？才不。還有這句：「我受夠了被人傷害、被人愚弄的罪，我再也不會相信任何人了。」小小的傷、微微的痛，有助於我們成長，你以為世界上永遠是鳥語花香，完美快樂？那真是痴人說夢。小小的痛苦算什麼！多年來，我體會了許許多多的奇妙美事，也都是經過痛苦的掙扎。有時，用死換取的生更為深刻，用絕望爭取到的快樂才使我們學會快樂。

不要為小小的傷叫痛，經歷它、擁抱它，也許就不那麼痛了。大聲叫痛呼傷也可以，痛哭流淚也無妨，把痛苦發洩掉，然後丟到腦後忘卻，否則它跟定你一輩子。

所以，不要為小小的傷叫痛，經歷它、擁抱它，也許就不那麼痛了。大聲叫痛呼傷也可以，痛哭流淚也無妨，把痛苦發洩掉，然後丟到腦後忘卻，否則它跟定你一輩子。你念念不忘痛苦，它就叫你痛苦難忘。

到底我們從何處得到這些自我打擊的念頭？這些自閉自傷的因素？這些破壞我們煥發、驚喜的觀念，它們都是阻礙生命成長、阻止學習向上的絆腳石，踢開它們，我們才能開始學習。

我們的學習，大多來自於家庭，因為我們的愛大多從家人中獲得。在自我成長中，沒有比家庭更理想的學習環境，但是，**有時，我們卻最少對自己真正愛的人表示愛意**。我們讚美同事，但很少稱讚自己的妻兒子女或丈夫兄弟。

不要讓好言好語失去表達的機會，若是一天中，你周圍的人，值得受到禮讚，不要放過。「這樣真好！」「做得棒極了！」找找看，並不難發現一天中有不少值得誇讚的人和事。

我總是跟老師說，要稱讚對的，鼓勵再接再厲。如果學生在五十題中錯了四十九題，你要跟學生說：「你做對了一題，明天我們也許做對兩題。」而不是去罵那錯了的四十九題。我祖母總是說：「你用蜜去捉蒼蠅，不是用醋去吸引牠們。」所以，我們為什麼還緊捉住醋瓶不放？用蜜不是更有效？

批評對你有益，讚美又何嘗不是！

如果你愛我，說些正面的話，我也許笨、也許蠢，可是我總也有些可愛之處吧！

讚美是帶著振奮劑的，它真實的鼓舞人心，然而，對於我們所愛的人，我們往往忽略了給予他們這種快樂。你的家，正是發揮人性至愛的最佳之處。

最近我收到過去一位女同學的來信，她說：「我看到你的電視訪問，那個特別的你絲毫未變，再說，這世界上還有誰叫那個古怪的名字——菲力士．利奧．巴士卡力？我還記得你的一件事，你知道是什麼嗎？」她說到那年冬天，我穿著姊姊的大衣上學，被全班取笑的趣事。

突然間，我想起了兒時家中的窮苦，想起那個寒冷的日子，媽媽拿來姊姊的大衣，要我穿上。我說：「我不要穿……。」你知道的，我說過，我這老媽不是個一板一

愛，並不複雜，複雜的是人。說聲「謝謝」，道聲「勞駕」，你讓你的心意傳遞，愛意伸展，而這一切多麼簡單。

眼的指導老師。

她說：「穿著，誰管你是誰的大衣，還有許多人沒衣服穿呢！等一下你就會感謝穿了有毛領的外衣，免去受寒挨凍之苦。而且，只要你帶著尊嚴穿上它，就會很好看。」

那是久遠以前的事，我本來早已忘了，卻記取了生活的尊嚴，你不覺得卑下，自然就不卑下。

回顧那段往事，重要的不是衣服的好壞，也不是被取笑的委屈，而是我一直難忘媽媽說的「只要你帶著尊嚴穿上它」、「還有許多人沒衣服穿呢」。這就是我們從生活中學到的正面意義。而這也正是我們應該要做的事，因為我們活在人的世界裡，我們周圍的人反映了你。**你不卑不亢，有誰能把你擊倒？**

常有人跟我說：「愛人好難啊！」我總說，愛，並不複雜，複雜的是人。說聲「謝謝」，道聲「勞駕」，你讓你的心意傳遞，愛意伸展，而這一切多麼簡單。

最近我去亞利桑那旅行，在一家又髒又小的餐館中叫了豬排，因為實在色香味俱全，吃完後我問侍者：「我可不可以見見廚師？」

他驚訝的問：「有什麼不對嗎？」

我說：「我只是想告訴他，豬排燒得真好吃。」

於是我們走到廚房，廚師正在揮汗做菜，他看到我，有點詫異。「有什麼事不對嗎？」他問。

「沒什麼不對，只是想告訴你豬排好吃極了！」我說。

他手足無措，目瞪口呆，最後還冒出一句：「還要再吃一點嗎？」多麼可愛。

讚美，有時會把人嚇著，尤其是陌生人，但是隔遠些再回首，你會發現他們正陶醉在快樂裡，若是你覺得人美、菜好、衣服漂亮，認識或不認識又何妨？讓他們熟悉你的欣賞，你的誇讚。

我們可惜的是讓一天天過去，而不曾真切表達自己。我們教導人互尊互愛，互相讚美，但是有人對我說：「巴士卡力，那太做作了。」**你不用做作，如果你真心這麼覺得，就說出來。你不必故意捏造、杜撰，也不必壓抑不表露**。

我記得母親最愛聽讚美她烹調的好話，我們總說：「媽，真好吃，好棒！」她會

表示你的愛、你的真心，並不會傷害任何人的，最簡單的事，莫過於直接表達你的心意。說不出來可以寫、可以用行動表達，但是不要讓愛溜走。

故作冷漠的說：「我知道，我知道，別吹捧我！」但是，我們要是不說，那，她可會傷心呢！

表示你的愛、你的真心，並不會傷害任何人，最簡單的事，莫過於直接表達你的心意——「我愛你。」尤其是做丈夫的常說：「反正她知道的！」但是說出來何妨？說不出來可以寫、可以用行動表達，但是不要讓愛溜走。

學校有時是使我們得到自限觀念的地方，下面是我最近和一個小男孩的對話：

「我不會做！」他說。

「誰說你不會做？」我問。

「因為我笨！」他回答。

「你怎麼知道你笨？」我問。

「因為老師說我是笨蛋。」

我的建議是，與其指責：「你笨，你蠢！」我們為什麼不能說：「你有潛力，你可以發展，我們一起去找出來！」不是更合情、合理、合乎人性！

你是上帝的恩典，所以要善待自己，給自己新生命，走出自限的樊籠，去除自限自薄的意念。我們要學著互信互賴，學習寬恕包容，我們愈走愈相知相助，然後才能一起共同創造新的世界。

多年前，有人贈予我「不要被我愚弄」的小文，在這裡，我也要與你分享：

我要你知道，你有多麼重要。你可以創造自我，有如我創造我自己。你可以打破隔膜，使我不再畏懼……，你也可以把我從寂寞無主的陰暗中救出。所以，雖然不容易，但請不要避開我，不要為莫須有的念頭樹立牆垣，你愈接近我，我愈能辨認真相，我正為我亟需的事理，努力爭取。

多美！

但是，我卻也聽說愛有如一道堅固的城牆，在那兒，存著我僅有的希望。請你用堅定的手輕擊那矗立的壁壘，因為內在的我是多感而不願存活於牆內，請不要放棄，我需要你。

我們相似更甚於相異，我們都明白這點。我們必須築起你我之間的橋才能彼此相輔相助。我們首先必須消除敵視的心理，而改以互相信任，這當然不是易事，但是我們可以邁出第一步。

我們向人伸出援手，當他遭逢緊急事件時，我們不是傷害他，而是幫助他。當今之世，人們都對伸出的援手，不敢接受，也不能置信，甚至受到驚嚇。

我們必須從自限中走出來，再學習、再傾聽自己真正的心聲。父親常對我說：「你不為自己的人生鋪路，難道還等別人帶領你？」那確是有可能的，你不相信自己，只好由別人牽著走，你走別人的路，但不可能成為別人，反而迷失自己。老師、父母、神父、牧師，可以輔助你，卻不能幫你走路，為你鋪路，他們只能伸出援手，卻不能主宰你的生活，他們只能給你可以選擇的路。

條條大路通羅馬，你和我一樣都有許許多多的路，它們帶領我們通往完美、善良與快樂。

別人不可能給你答案，你得為自己負責任，因為那是你自己的生命。唯有這樣，你才能從別人的桎梏中釋放出來。

聽取忠告，廣聽眾議並非壞事，而且也頗有趣，但決定仍在於你。藍德絲（Ann Landers，美國已故著名專欄作家，專門為讀者解惑）不能為你決定，史努比也無能為力。只有你才能決定，並採取行動付諸實行。

學著去聽聽自己內在的聲音，相信自己，付諸行動，你會自豪於自己所做所為的成果，這不是別人提供、也不是名專欄作者藍德絲女士所指點，這是你自己的決定。

別人不可能給你答案，你得為自己負責任，因為那是你自己的生命。唯有這樣，你才能從別人的桎梏中釋放出來。你自由自主了，別人也不再掛慮。**你，不必追求完美，錯了可以再來。**

我常以法國名廚茱莉亞（Julia Child）的烘焙為例，她自在又隨和的態度令人印象深刻。她在電視教授烹調時，常常一下擦汗，一下叉子又掉到地上，轉眼做起舒芙蕾、丟進烤箱，跟你說一會兒話。然後說：「我想應該已經好了。」

一打開烤箱，卻發現舒芙蕾全塌陷了。

你猜她怎麼辦？她不會想殺了自己，而是說：「嗯，你不可能每件事都做到盡善盡美。願你胃口大開！」我愛極了她的態度，這就是我們必須採納的生活態度。你不可能每件事都做到盡善盡美。

但是，卻有人總跟自己過不去，連二十年前的犯的小錯，都還念念不忘，「我應該這樣……」、「我不應該那樣……」多累人！

沒有人要求你完美，如果燒焦了晚餐，有什麼關係，那就出去吃吧！

年齡也是無稽之談，不要讓年齡限制了你。天文學家伽利略七十四歲還寫書，米開朗基羅到七十一歲才完成巨著，摩西祖母七十一歲才畫第一幅畫……，還有蕭伯納九十六歲了還從樹上掉下來，你猜他在幹什麼？爬上樹頭修剪樹枝。

今天，你就下定決心，解除這些自限的束縛，不要只坐在自限自縛的角落，說：「我不行！」「我老了。」

站起來，抖擻起精神，只要有心，只要有意，你可以創造任何事，把許許多多的不可能變成可能。

今天，你可以開始選擇捨棄一切自限，生命由你自己選擇，這也是你改變的開始，你可得自己做主，因為這是你的責任。

你可以選擇愛，選擇希望，選擇明日的信念，你也可以選擇信賴和慈悲，當然你也可以選擇自怨自艾或吝嗇頑固，這一切都在於你自己。

把自己藏起來，把自己困於死角，是自閉自限的結果，不要讓這種絕境發生。你最大的責任是使你自己發展成任何可能的你，不僅僅為了你自己，也為了我們的利益，別忘了，我們是同在一起的。

自限是陷自我於絕境，嘗試卻是可以打開任何可能的金鑰，別忘了哦！我們要嘗試、要學習，再也不自限封閉。

附錄

給自己的禮物

當你心情低落時

⊙歡愉是一個偉大的教師，但同樣的，絕望也是。奇蹟是好老師，困惑又何嘗不是呢？理想是教師，幻想何嘗不是呢？如果生命教會我們思考，那死亡又何嘗不是？把自己從這些生活體驗中退出，就是沒有真正經歷到完整的人生。

⊙有時，用死換取的生更為深刻，用絕望爭取到的快樂才使我們學會快樂。所以，不要為小小的傷叫痛，經歷它、擁抱它，也許就不那麼痛了。

⊙生命有如一鍋冒著煙的蒸氣，你若是選擇了蓋住蒸氣，讓恐懼、愁煩、寂寞藏在心底，而不曾真正的參與，也就不曾真正活過。若是你覺得有某種東西，在心底爬行，急於冒出，你打開鍋蓋，讓生命充塞其間，讓你投身參與，你就免去了蒸鍋冷卻或抑壓過久而爆炸的危險。

當你懷疑自我存在價值時

⊙ 當我們認識到本身的重要，自愛和自尊就會油然而生，所有事物由你而起，因為你才能把這些給予別人。

⊙ 如果我能許一個願，這個唯一的心願將是使你「給」回「你」自己。不是自大的你，而是開放的、美好的，有著好奇心和創造力的你。不是把你藏起來，而是使「你」能活在人群裡。

⊙ 你處在一個非常重要的地位，因此如果你不曾喜歡過自己，從現在起你可以學著去喜歡，你可以創造一個新的你。如果你厭倦你的方式，你可以改變重來，如果你不喜歡你個性上的某些缺點，去掉它，再開始一個新的你。

⊙ 你必須誠懇、真心，不能虛偽，世界上最難的事就是偽裝。你愈接近真實的你、真正的你，你愈覺得生活純樸簡單，最難的事莫過於你必須把自己裝扮成人人喜歡、人人期待的你，那多累！為什麼不做一個容易做的自己？

⊙ 也許你並非完美的，但是你的自我成長，會使你趨向完美。

當你感到人生乏味時

⊙ 打開你人生的寶盒，去發掘每一件屬於你的禮物。雖然，有許多事，我們不懂；有許多人生的疑問，我們無從解答。但是懂或不懂，解答與否，並不重要，重要的是我們經歷了生活，掌握了生命，我們選擇了自己的人生。

⊙ 生活方式是你自己選擇的，你也可以使自己自由自在、無拘無束；你可以豁達開朗、充滿創意；你也可以選擇冷漠或呆板，單調或狹隘，你現在就可以決定——你自己決定。

⊙ 期待，是累人的累贅，我們應該迎接每一個驚奇和新奇，而不是守株待兔的等待。

⊙ 你若要給愛下定義，只有「人生」兩字可以取代。愛，充滿在人生中，你沒有愛，也就沒有了人生。請不要失去你的人生。

當你覺得無路可走時

⊙ 嘗試每一條路，直到你覺得已經足夠，然後問自己，這條路有「心」嗎？

有「心」的路，會引你向前，引你抵達完善。除了「心」，大大小小的路全都一樣，終究會令你迷失，所以一定要找出自己的「心路」。

⊙ 我喜歡英文中的「是」——「Yes」，那是最美麗的字眼，那是一個持續，一個延長，一切無盡的希望……「不」是斷了的線，當你說「不」（No），你關了門窗，縮在椰子殼中，不見天日。如果你不敢肯定的說「是」，至少不要怕說「也許」（Maybe），你還能有機會，有希望。

當你為愛痛苦時

⊙ 不要活在別人的陰影裡，因為你會永遠長不大。橡樹不必萎縮在柏樹的陰影下，你自然也可以找到自己的陽光，充分接受絢麗的光彩和照耀。你若是躲在陰影裡，終將枯萎而失去自己。

⊙ 我覺得愛人是一件自然而然的事，不掩飾、不做作的愛就如小孩子不會捏造或隱瞞自己的感受一樣，自然的表露你自己，自然的接受別人的坦然真言。

⊙ 愛，因為你能愛，不是因為你必須去愛。花開，因為他們自然開放展露，而非取悅人群。你生活和愛，因為你要如此，這是生命的本質。

給他人的禮物

給孩子

⊙ 嘗試是一個美妙的開始，你必須有這種意願，去冒險、去嘗試，你才會成長、更新。你不去嘗試、不去冒險，如何能跳出窠臼，給自己新機會？

⊙ 愛，是我引你走向你自己的過程，我不要你成為誰，我要引你走向你自己，回到你自己。

⊙ 不管你是完美還是有瑕疵，聰明或愚笨，家不會摒棄你於門外，它愛你、包容你、接納你。

⊙ 弗克博士說：「擁抱可以驅除頹喪、絕望感，驅動體內的免疫系統，使你免於衰老、疲憊，變得年輕而活力充沛。家庭中的擁抱，可以增進感情，化解緊張疏遠的氣氛。」

⊙學著去聽聽自己內在的聲音，相信自己，付諸行動。別人不可能給你答案，你得為自己負責任，因為那是你自己的生命。唯有這樣，你才能從別人的桎梏中釋放出來。你自由自主了，別人也不再掛慮。你，不必追求完美，錯了可以再來。

⊙你可以選擇愛，選擇希望，選擇明日的信念，你也可以選擇信賴和慈悲，當然你也可以選擇自怨自艾或吝嗇頑固，這一切都在於你自己。把自己藏起來，把自己困於死角，是自閉自限的結果，不要讓這種絕境發生。

⊙生活上許許多多的不可能，其實都是由於你自己擋住去路。除了你自己去剔除這個阻礙，讓愛與生活接近你，別無他法。

⊙千萬記住，人際關係也是可以改進的，確定你自己是在改變進步中，你們的關係也在改善變化中。記住，自怨自艾不僅渴求同伴，而且揮之不去，可千萬不要惹上這種夥伴。

給所愛的人

⊙每天，我要提醒自己，用我指端輕柔的觸及你，因為我不想放棄那接觸你時的美感。每天，我要使自己成為一個愛人，再一次的經歷愛的過程。

⊙ 如果你同我站在一起，當黑夜來臨，我們可以互相依恃，相信我，黑夜也就不再令人畏懼。不久，又可再同浴日光照耀中。

⊙ 真正的親近關係，在付出與接受之間，不帶著絲毫利用或欺騙，「我要愛你、了解你、親近你，與你一起哭、一起笑、一起歌、一起舞、一起成長」。

⊙ 這個「我」，遇到了「你」，我們相互吸引，共同分享，變成了「我們」；「我們」一起成長、一起生活，我沒有失去自我，你也保持本質，但是「我們」發展成一條寬闊的韌帶，連起了你、我，拓展了我們的世界。

給朋友

⊙ 愛，並不複雜，複雜的是人。說聲「謝謝」，道聲「勞駕」，你讓你的心意傳遞，愛意伸展，而這一切多麼簡單。

⊙ 雖然，有許多人生的疑問，我們無從解答。但是懂或不懂，解答與否，並不重要，重要的是我們經歷了生活，掌握了生命，我們選擇了自己的人生。

⊙ 在我們有生之年，去體驗生命，去生氣、哭泣。然後，放手。我們要珍惜愛，因為我們的生命是有限的。

⊙ 如果我們懂得「愛」，從社會、從別人身上學到愛，便可以重複學習並把愛傳遞下去，這樣生活中就充滿了無限的希望。但是那隱藏未露的愛，卻必須由你去開始、去舒放。

⊙ 我總喜歡把人生想像成一盒繫著彩帶、包裝精美的禮物，當我們出生時，它呈現在我們眼前。然而，有些人甚至懶得打開這盒禮物，也有些人只欣賞到禮物中包裝炫目的外表，他們看不到盒中也有痛苦、寂寞和快樂。我總是喜歡一件件的挖掘，探視盒中的每一件東西，這巨大的人生寶盒中，有小小的盒子，裝著痛苦，另一個盒子存在著寂寞；我打開之後，也了解了痛苦和寂寞的滋味。若是有人向我談起，我也會產生同感，於是我可以牽著他的手，告訴他我也經歷同樣的感受。我要經歷人生的每樣事實，我也要發掘一切的歡欣雀喜。

⊙ 唯有伸出手，接近別人，冒險相信別人、接納別人，我們才能成為一個真正的人。

初版推薦文——

從愛出發，迎接充滿陽光的人生

洪蘭（中原大學、台北醫學大學、中央大學講座教授）

任何一本書經得起時代的考驗就一定有它存在的價值，基本上，它所代表的價值就是我們所謂的人生道理。這本《致獨特的你》（初版書名《愛・生活與學習》）能在競爭這麼激烈的市場中脫穎而出，再版一次，表示它已經通過眾多讀者的考驗，是一本可以傳家的經典了。

作者來自窮苦的義大利移民家庭，但是他父母的樂觀、生活不因窮困而減色，尤其他母親對他影響非常大，他能寫出這本書，背後的支援就是他母親深厚、源源不斷的愛。當我看到他母親要他穿他姊姊的大衣去上學（男生多半不肯穿女生的衣服，都寧可受凍也不肯穿），他正在說：「媽，我不要穿……」時，他母親說：「只要很尊嚴的穿上它，別人就不敢嘲笑你。」的確，只要頭抬得高高的，很有尊嚴，誰敢笑你？中國以前也是一樣，父母常告誡孩子衣服破舊沒有關係，只要漿洗得乾乾淨淨，就沒有什麼可羞慚的。因為窮，你沒有辦法，但是保持乾淨，你有辦法，那是操之在己。我父母常說，窮沒有關係，但窮得要有骨氣。作者的母親是個了不起的女人，即使家中無隔宿之糧，她都能使家庭充滿了歡樂的氣氛，她以身教讓孩子看到，正向積極進取才是人生的態度，也因為她的孩子充滿了安全感，所以作者敢對於陌生人先伸出友善的手，先釋出善意。看到書中作者描寫他跟母親的互動，忍不住喝采，有這樣的母親，孩子怎麼會得憂鬱症呢？

愛的誇獎，讓人放出光彩

書中每個故事都意義深遠，尤其最後一個故事最令人感動。作者在亞利桑納一家又髒又小的餐館叫了一客豬排，因為做得非常好，所以他要求和大師傅見面。我們看到侍者馬上緊張起來，問：「有什麼不對嗎？」我們平常要求見大師傅都是要抱怨，很少是獎勵。就像老師找家長多半是告狀孩子不乖，很少是誇獎一樣。我們都習慣於認為做好是應該，做不好要被罰，很少像作者一樣想到去稱讚好的行為。果然大師傅聽到誇獎非常驚訝，目瞪口呆，手足無措之餘，居然冒出一句：「你還要再吃一點嗎？」最後一句是使我最感動的地方，一個小人物被人誇獎了，這是從來沒有的經驗，不知該如何回答，情急之下，冒出他心裡的話：「你還要再吃一點嗎？」已經吃過了，怎麼還吃得下呢？但是從這裡看到故事的真實性。廚師會這樣說，因為這是一個被誇獎的行為，人會不由自主的再去做，以期再得到誇獎。

誇獎常使一個本來不起眼的孩子放出光彩，尤其從來不曾被人誇獎過的人，第一句誇獎更是重要。我念大一時，我母親住院開刀，那時我姐姐已經去了美國留學，下面的妹妹仍在中小學就讀，因此主中饋的責任就落在我的肩上。我父親是個很懂得吃的人，母親的手藝又極好，我很怕燒不好，讓父親難以下嚥。我每天清晨就去菜場轉來轉去（那時還沒有超市，家庭主婦是每天上傳統市場的），不知煮什麼來取悅我父親，最後決定煮獅子頭，因為不容易出錯，同時也是爸愛吃的菜。我買了荸薺，以及所有我看過母親放進去的材料，回家去戰戰兢兢做了一個下午，當我端出去時，因為我家吃飯是遵循孔子說的「食不言、寢不語」，沒有人說話。我看不出別人臉上表情，就很沮喪的回廚房去洗碗，這時爸爸走進來，拍拍我的肩膀說：「難為你了，燒得跟你母親的一樣！」我從此每天燒這道菜，母親住院一週，我就燒了七天獅子頭。現在回想覺得很幼稚，但這就是因為每個人都渴求別人誇獎的緣故。

放開心胸，接受生命的挑戰

這本書在很多地方點出人性，提醒我們只要你真心感覺到就可以說出來，不必捏造杜撰，但也不必刻意壓抑，因為真心話永遠不會傷害任何人，哪怕是勸誡的話，只要態度誠懇，出自你對他的關心，別人一樣感動。這也是我一直認為「天下沒有不可教的孩子」的原因之一，要教一個人，他一定要先接納你，你的話才會聽得進去，當一個學生恨老師時，老師上課再怎麼講得天花亂墜都沒有用。真心對待一個學生，他畢業很久都會回來看你。這本書所講的都是生活中微不足道、你認為不必講、別人應該要知道的事，但是作者告訴你講出來又何妨？讓別人高興一下，讓他看到他自己的價值，這不是一件很有意義的事嗎？

現在的社會愈來愈冷漠，住在公寓，上不著天，下不著地，人也像公寓一樣懸在半空中，失去了腳踏實地的純樸敦厚的感覺。我回台以後，一直在尋找我小時候那種「鄰居家就是你家」，互助互惠、同村協力的感覺，但是一直沒找到，感覺失落了一個很重要的東西，卻又不知如何去彌補。我慢慢了解為什麼這本書在二十一世紀後工業時代會再版，人在物資充裕後，追求的便是心靈的滿足，每個人都渴望著桃花源的純樸社會：早上，小孩子呼伴去上學，大人互道早安，鄰居燒了好菜會分一點過來讓你嘗嘗……。其實這種生活仍在我們能力之內的，只要像作者一樣，從愛出發，接納跟你不同的人，學習聽自己內在的聲音、相信自己，付諸行動，就能創造你自己的生命。如果錯了，沒有關係，再來一次就好，只要記得「沒有一個地牢比心牢更幽暗，沒有一個獄卒比自己更嚴酷」，就不會跟自己過不去。放開心胸，接受生命給你的挑戰，你也會像作者一樣，有個充滿陽光的人生。

初版推薦文——

愛的全新體驗

黑幼龍（中文卡內基訓練創辦人）

一九八四年冬天，我陪內人李百齡從洛杉磯飛赴舊金山考藥劑師執照。在飛機上，我開始看這本《致獨特的你》。我幾乎是每看一段，就情不自禁的急著與她分享。我會輕聲的唸出原文，再用中文翻譯出來，然後與她談談我的感受，談談怎麼樣可以用在我們身上，或怎麼樣與小孩相處。

想不到的是，多年後的今天，我居然有幸為這本新版書寫序。更不可思議的是，重看這本書，忽然意識到，這麼多年來，我的工作，我全心投入的志業，竟然就是書中倡導「愛、生活與學習」的信念。多麼奇妙。

愛自己，愛他人需要學習

有些人可能認為現在人都忙著賺錢，壓力這麼大，真還有人對愛、生活與學習的事這麼感興趣嗎？但再深入一點想一想，人這麼辛苦的工作，最終的目的還是希望自己能更快樂，也希望能影響到周遭的家人、同事、朋友，讓他們更快樂。然而該怎麼做呢？很明顯的是，有很好的工作，賺很多錢，不見得就一定快樂。

這本書告訴我們，愛自己、愛他人是需要學習才能做到的。這是一個多麼寶貴的領悟。一個常常覺得自己不好、常常想到自己的缺點毛病的人，要經過練習才能找到自尊與自信，這樣自己才會快樂。人都有愛心，但要經過多少練習，才會向他人表達關心、肯定、感謝，進而幫助他們更快樂！對在台灣長大的人而言，家庭、學校、社會通常沒有提供這種練習的機會。

與身旁的人分享這本書

你即將因這本書而開始一種新的體驗。那是一種美妙的體驗。你會覺得，自己還可以這麼好；自己和別人的關係還可以這麼好。我建議你慢慢的體驗，最好每看完一段落，就閉上眼想一想，或甚至立即與身旁的人分享。

有人說不是每一本書都有知識，不是每一種知識都是智慧，不是每一種智慧都能變成影響我們一生的行為。唯有經過發掘、學習、演練，我們才會愈來愈愛自己，愈來愈愛他人，也因而才會更快樂。我是多麼樂於為此做見證，相信你讀完之後也一定會有同感。

初版推薦文——

簡單而真實的生活道理

簡靜惠（洪建全基金會榮譽董事長）

我喜歡《致獨特的你》這本書，不僅僅是因為書中的許多觀念、想法正是你、我生活中的印證，那麼的自然、那麼的真切，卻又那麼的睿智，更因為我喜歡作者利奧·巴士卡力的人格，他以悲憫的胸懷引導大家去體驗愛與生活，更以敏銳感應的心吸收且包容了來自各種地方、各種民族文化、各階層人類的事物，正是因為他「愛」萬物，他「愛」人類。

巴士卡力的觀念並不新奇，他只是希望每個人不斷的學習，存著寬容的愛心和過著樂觀的生活。他的這本書，極其淺顯，卻滿含哲理，有如點燃一炷心靈的香，香味裊繞充滿人間。

一九八三年十月，洪建全基金會將本書引進台灣，並特請簡宛翻譯後出版，引領讀者進入書中愛與學習的世界。簡宛的文筆溫柔細膩，貼近作者的心，二者相得益彰，出版後引起轟動，一時洛陽紙貴，咸認為這是近四十年來影響台灣的最重要暢銷書之一（註）。

當時書中提出的觀念諸如：「愛」、「寬容」、「尊重」、「建立自我」、「選擇人生」、「學習」及「人與人之間的相互關懷」等等，成為現時代台灣人修身的指標，而這些年我們看到台灣民間的自在生活、親切和樂、樂善好施的表現，都讓國外來台的人士留下深刻的印象，足以印證這本書的影響力！

「愛、生活與學習」的延伸

基金會在出版這本書之後，陸續推出相關主題之人文關懷系列叢書，引領社會大眾對人文書籍的熱烈閱讀風氣；又設立敏隆講堂，如同社會之人文學院，將「愛」與「學習」的觀念，落實為人文課程及講座之內容，推動「終生學習」風潮。而讀書會（素直友會）的推廣，除讀書外，主旨在培養及落實素直精神，也是本書概念「愛、生活與學習」的延伸。

我已年邁，走在人生道上更能體會「愛與學習」，確是生活的必要。因著這本書的重新校訂出版的因緣，讓我有機會回顧記述這些工作的痕跡，並與現時的生活相連，如此單純、如此真實，都印證在這本書裡，十分可貴。

值得與您分享！

二〇二二年十二月三日

＊註：一九九〇年《中國時報》將本書譽為台灣「四十年來影響我們最深的書」。同年上榜者，還有《蛹之生》、《汪洋中的一條船》。）

致獨特的你

愛、生活與學習，完整自己的13堂課

（初版書名《愛．生活與學習》）

作者——利奧．巴士卡力（Leo Buscaglia）
譯者——簡宛

主編——林孜懃
封面設計——謝佳穎
內頁設計——王瓊瑤
行銷企劃——鍾曼靈
出版一部總編輯暨總監——王明雪

發行人——王榮文
出版發行——遠流出版事業股份有限公司
地址——104005 臺北市中山北路一段11號13樓
電話——(02)2571-0297
傳真——(02)2571-0197
郵撥——0189456-1
著作權顧問——蕭雄淋律師
2010年11月1日 初版一刷
2023年1月16日 二版一刷

定價——新臺幣380元
（缺頁或破損的書，請寄回更換）

ISBN —— 978-957-32-9938-7

遠流博識網 http://www.ylib.com
E-mail: ylib@ylib.com
遠流粉絲團 https://www.facebook.com/ylibfans

Living, Loving & Learning
by Leo Buscaglia

國家圖書館出版品預行編目 (CIP) 資料

致獨特的你 : 愛、生活與學習 , 完整自己的 13 堂課 /
利奧 . 巴士卡力 (Leo Buscaglia) 著 ; 簡宛譯 . -- 二版 .
-- 臺北市 : 遠流出版事業股份有限公司 , 2023.01
面 ;　公分
譯自 : Living, loving & learning.
ISBN 978-957-32-9938-7(平裝)

1.CST: 愛 2.CST: 自我實現 3.CST: 人際關係

199.8　　111021490